中公新書 2171

中澤俊輔著

治安維持法

なぜ政党政治は「悪法」を生んだか

中央公論新社刊

はじめに

本書のテーマである治安維持法は、一九二五（大正十四）年四月二十二日に公布された。この法律は、国体の変革または私有財産制度の否認を目的とした結社を処罰することをその主旨とした。当時の政権は「護憲三派」で知られる政党内閣の加藤高明《かとうたかあき》内閣である。治安維持法は一九二八（昭和三）年と四一年の二度改正され、終戦後の四五年十月十五日に廃止されるまでの約二〇年間、日本共産党、植民地独立運動、宗教団体、社会主義者、自由主義者、さらには反戦思想まで、反体制派を取り締まるのに猛威を振るった。

さて、戦前・戦後の社会学者として活躍した清水幾太郎《しみずいくたろう》は、一九七四年の論文「戦後の教育について」（『中央公論』一九七四年十一月号、『戦後を疑う』所収）で、戦後日本の価値基準を「治安維持法への復讐《ふくしゅう》」と評している。清水いわく、戦後になって治安維持法が廃止され、言論・結社の自由が拡大すると、かつてこの法律によって逮捕・投獄された人々は、この法律が守ろうとした天皇制と私有財産制度に対して復讐のエネルギーを向けた。その結果、

「共和制及び社会主義が戦後思想の二大公理になりました」と言う。[1]

さらに清水は、一九七八年の論文「戦後を疑う」（『中央公論』一九七八年六月号、『戦後を疑う』所収）では、治安維持法を積極的に肯定した。その主張を要約すれば次のとおりである。

①治安維持法は、制定された一九二五年当時はさしたる問題とならなかった。
②治安維持法が制定された後も、マルクス主義の出版物は相当自由に認められた。
③思想・出版の自由に比べて、社会の変革を求めるような結社の自由は制限すべきである。
④同時代の欧米諸国も、共産主義に対する取締法を制定しており、ソ連に対する防衛が必要だった。
⑤治安維持法で死刑となった者はいなかった。
⑥思想犯の転向は、当局が個人の良心に踏み込むものではなく、天皇制という日本人の常識を取り戻させるものだった。

清水の挑戦的な主張とは裏腹に、戦後の歴史学においては、治安維持法は否定されるべき戦前日本の代名詞として扱われてきた。仮に治安維持法を肯定する議論があったとしても、決して大勢とはならなかった。二〇一〇（平成二十二）年には、戦時中に『改造』『中央公論』を廃刊に追いやった横浜事件（一九四二年）の元被告の無罪を相当とする刑事補償が決定している。敗戦から六七年を経て、マルクス歴史学が後退した現在でも、治安維持法には国民の自由を不当に制限する、あるいは反体制派を弾圧する「悪法」のイメージが定着している。治安維持法が、自由と民主主義の精神に反した法律だったことは否定しえない事実である。

もっとも、ネガティブなイメージが先行するのに対して、治安維持法のどこが、どのように「悪法」だったのかという点は漠然としていた。治安維持法の実体が必ずしも明らかにされていないという問題意識は、学問の世界でも存在していた。

こうした疑問に答えるように、一九七〇年代には治安維持法についての実証的な研究が続々と発表された。一つは史料状況の進展であり、『現代史資料』シリーズの刊行、特に奥《おく》平康弘《だいらやすひろ》編『治安維持法』（一九七三）が大きく寄与した（奥平は一九七七年に『治安維持法小史』をまとめた）。そして間接的な契機となったのは、『文藝春秋』一九七七年十二月号から連載を開始した立花隆《たちばなたかし》『日本共産党の研究』である。戦前の日本共産党の病理を抉《えぐ》り出すこの論文を肯定するにせよ否定するにせよ、日本共産党の歴史を再検討する機運が高まり、治安維持法の実体にも注目が集まったのである。八〇年代以降は、荻野富士夫《おぎのふじお》らの新史料を用いた実証的な治安維持法研究が世に問われ、現在に至っている。

しかしながら、先行研究では、治安維持法が当初は「結社」の取り締まりを主たる目的としていたことは、意外に重視されてこなかった。むろん、治安維持法が一九二五年に「結社」取締法として成立したことについては認められている。しかし、これまでの関心は、治安維持法がその後、適用の範囲を拡大していく過程であった。現在定着しているイメージは、一九三〇年代後半から太平洋戦争末期に偏重しているともいえる。

本書は、治安維持法の成立から廃止に至るまでの経緯を、政党の役割に着目して再検討することで、戦前日本の政党政治の特徴を描こうとするものである。本書ではまず、「治安維持法はなぜ、護憲三派の連立政権である加藤高明内閣で、『結社』を取り締まる法として成立したのか」との問いを出発点としたい。

先行研究は、治安維持法の作成と運用を担った内務省（警察）と司法省（検察）に注目することが多かった。この二つの省が、治安維持法に対して異なる考え方を持っていたことも明らかになっている。その一方で、ごく一部の反対派や無産政党、共産党を除けば、政党の存在は顧みられることが少なかった。政党内閣を組織した政友会や憲政会は、有体《ありてい》に言って共産党を弾圧する体制側の勢力として扱われてきた。

しかし、政友会も憲政会も、結社であることに違いはない。加藤内閣が、なぜ自らを規制しかねない治安維持法を制定したのか。治安維持法と戦前の政党政治の実体を見極めるには、あらためて問われねばならない。

そもそも、戦前の明治憲法のもとでは、政党政治は法的に保障されたものではなく、あくまで慣習と政党自身の力によっていた。治安維持法が存在した二〇年間は、政党政治が全盛だった一九二〇年代、政党が力を失った三〇年代、そして政党不在の四〇年代に大別することができる。時代によっては、議会政治と政党政治には明確な断絶があった。そして、親である政党と子である治安維持法の間には、肯定と否定をさまよう緊張関係が存在していた。

以上を踏まえて、本書は清水幾太郎の主張にも答えながら、治安維持法がたどった道程を追っていきたい。戦前の政党政治が入り込んだ隘路《あいろ》の果てに、「自由と民主主義を守るためには何が必要か」との問いに答えられれば幸いである。

引用文中の傍点は筆者による。法令文や引用文は読みやすさのため、新字新かなに改め、適宜読点を補った。

目次

主要政党の変遷

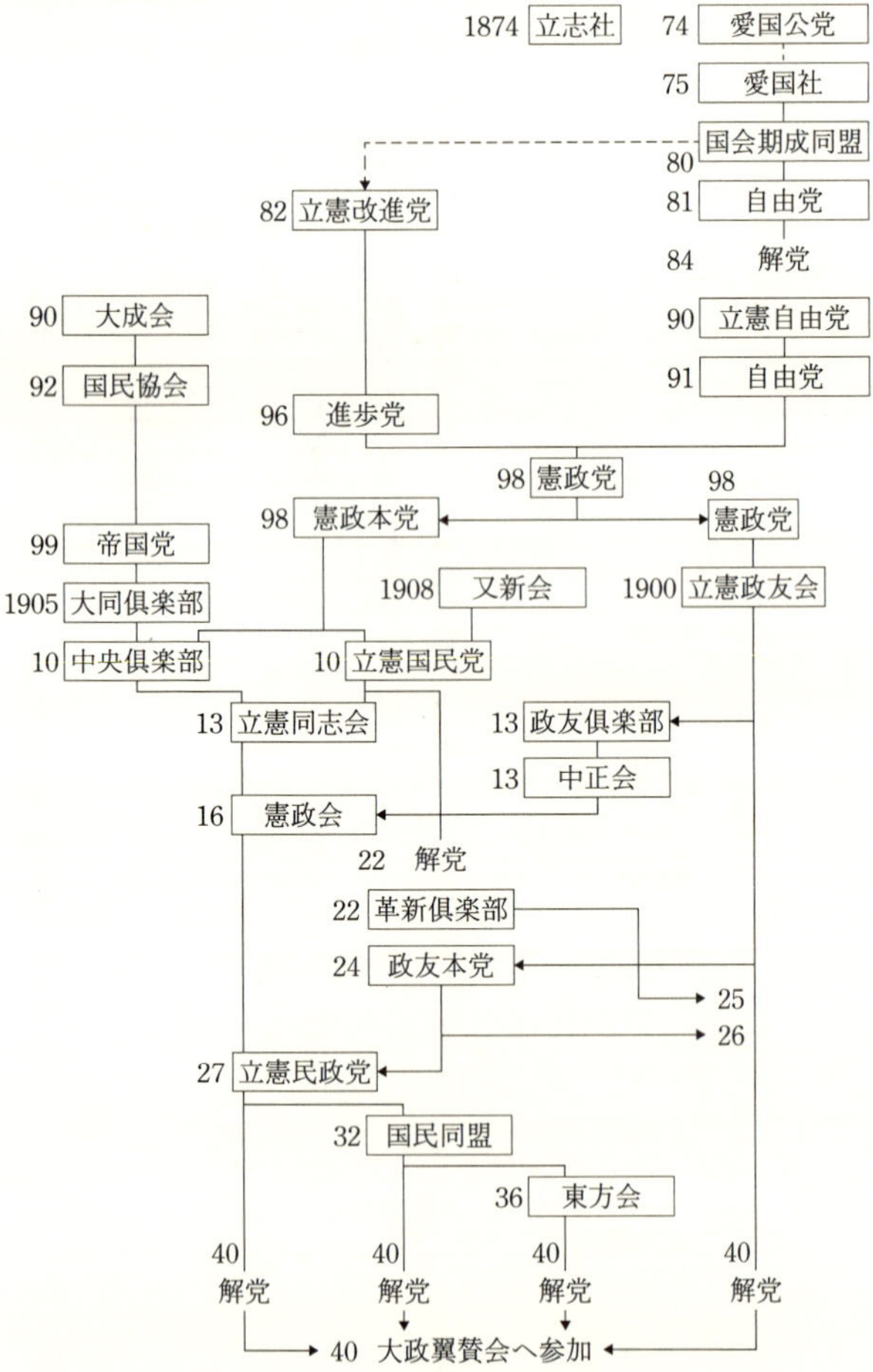

的な直接のつながり／----：系譜的に関係あり／数字：政党・政派の結成年
『日本史広辞典』をもとに作成

主な社会主義政党の変遷

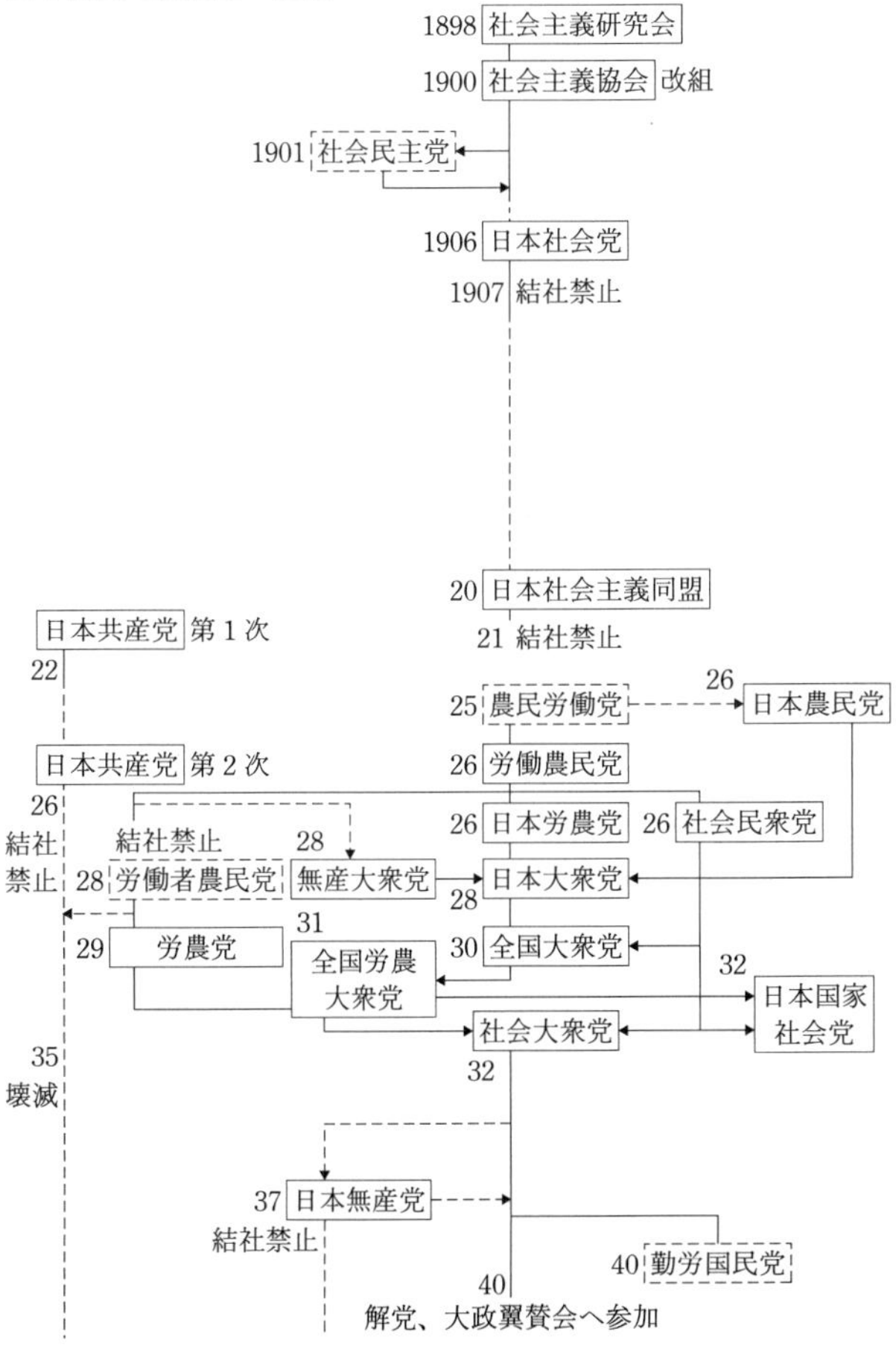

□：政党および政派／┆┆：結社直後または即日禁止された政党／——：組織

治安維持法

第1章 「危険思想」の発見

この章では、治安維持法を論じる前提として、まず本書の主役となる内務省、司法省、政友会、憲政会（のちの民政党）の四者について説明する。その後、明治から大正期にかけて、社会主義などの「危険思想」が課題として認識される過程を確認する。そして最後に、初の本格的な取締法である過激社会運動取締法案が起草され、議会で廃案となる経緯を検討して、治安維持法に至る道筋をたどっていきたい。

1　治安維持法をめぐる四者

内務省と司法省

治安維持法の主管官庁としては、内務省と司法省があった。

内務省は一八七三（明治六）年十一月に設置された。その組織は変遷があったが、地方行政、警察、勧業、土木、衛生、社会政策など幅広い仕事を担った。

特に一八七四年に司法省から内務省へと警保寮《けいほりょう》（のち警保局）が移され、内務省が警察行政を管轄するようになったことの意味は大きい。内務省は府県知事と警察のポストを独占することで、強い影響力を持った。

明治時代には、内務省は薩摩と長州の藩閥勢力の牙城《がじょう》だった。これに対抗したのが、立憲政友会の幹部で、後に首相となる原敬《はらたかし》である。原は一九〇六年に第一次西園寺《さいおんじ》公望《きんもち》内閣の内務大臣となるや、藩閥勢力を駆逐し、大学出身の「学士官僚」を抜擢《ばってき》した。原が内務省に勢力を伸ばそうとしたのは、内務省が選挙を取り締まる警察と地方の開発を握っていたためである。政友会の成長は原の内務省支配に深くよっていた。

さて、戦前の警察は、行政警察を中心的な職務とした。行政警察とは、発生した犯罪を捜査する司法警察に対して、秩序の乱れを予防する職務である。戦前の行政警察は、犯罪を防止するパトロールなどのほか、建築・営業の許認可や伝染病の予防など手広く管轄した。特に、社会運動や社会主義者を取り締まる部門は特別高等警察（特高警察）と呼ばれた。

警察が取り締まりに用いたのは、集会の解散、結社の禁止、出版物の発売・頒布《はんぷ》禁止といった行政処分である。これらの処分は、「朝憲紊乱《ちょうけんびんらん》」「安寧《あんねい》秩序紊乱」などの曖昧《あいまい》な基準によっており、裁判も不要なので、警察は裁量的に運用することができた。したがって内務省は、行政処分と重複する新しい取締法を設けることに消極的だった。

内務官僚は同時に、貧困や労働問題といった社会の矛盾を柔軟に受け止めようとした。学士官僚のなかには、欧米諸国の先進的な政策を取り入れる者もいた。彼らは第一次世界大戦（一九一四～一八）後のデモクラシーの風潮に順応して、社会政策や選挙権の拡大を推進しようとした。

もう一方の主管官庁である司法省は、一八七一年に発足した。廃藩置県にあわせて各藩に分散していた司法権を統一することが設置の目的だった。

藩閥勢力の牙城となった内務省に比べて、司法省は二流官庁と見なされ、非藩閥の人材が集まった。ただしこの点は、政治から司法権の独立を維持することにも寄与した。一八九一年の大津《おおつ》事件に際して、ロシア皇太子ニコライを負傷させた巡査津田三蔵《つださんぞう》に死刑を求める政府に対し、児島惟謙《こじまこれかた》大審院長が要請を拒絶した逸話は象徴的である。

また、犯罪捜査を指揮する検察は、数に勝る警察に主導権を奪われがちだった。ところが日露戦争（一九〇四〜〇五）の後、検察は疑獄事件を次々に暴いて政界に衝撃を与えた。後に首相となる平沼騏一郎《ひらぬまきいちろう》は、検事としてイニシアチブを発揮し、司法省のボスとなった。社会主義者に対しても、司法省は厳格な法の適用を主張して、取締法にも積極的だったため、内務省としばしば対立した。また、司法官僚は保守的な傾向が強く、社会主義が流行する原因を、国民の道徳の頽廃《たいはい》や風紀の乱れに求めがちだった。

こうした司法省の態度は、野心や頑迷だけからくるものではない。犯罪を裁くには明確な法的根拠に則《のっと》るべきだという、法の支配の観念が根底にあったことは強調しておきたい。

政友会と憲政会

近代日本の政党は、多くが有力政治家の権力基盤として誕生した。征韓論争に敗れた征韓派の愛国公党（一八七四〔明治七〕）に始まり、一八八一年には板垣退助《いたがきたいすけ》の自由党、一八八二年には大隈重信《おおくましげのぶ》の立憲改進党が結成された。自由党と改進党は、後の政友会と憲政会の源流となる。

一九〇〇年、明治政府の指導者である元勲《げんくん》・伊藤博文《いとうひろぶみ》は、憲政党（旧自由党）と配下の官僚を結集して、立憲政友会を組織した。第二代総裁の西園寺公望は、桂太郎《かつらたろう》との政権交代を実現し、政友会は「万年与党」といってよい立場にあった。そして政友会の成長の陰には、原敬の内務省支配と利益誘導政治があった。

内務省に続いて原が取り込みを図ったのは司法省だった。司法省が握る検察の力に、原は着目したのである。また、思想対策での政友会と司法省の態度もよく似ていた。政友会は、外来思想に対抗する手段として、教育や宗教の力で国民の思想を健全な方向へと導く、「思想善導」を掲げたのである。しかし、政友会は、ともすれば民主化の要求や貧困といった国内の問題を軽視し、取締法に肯定的でもあった。

一九二一（大正十）年十一月、原は暗殺され、政友会は唐突にリーダーを失った。カリスマ亡き後の政友会は内紛を抱えた。二四年一月には、保守的な性質を受け継いだ床次竹二郎《とこなみたけじろう》らが離党して政友本党を結成し、改革志向をいくらか持った高橋是清《たかはしこれきよ》らの政友会と袂《たもと》を分かった。

さて、政友会のライバルである憲政会の道のりは紆余曲折《うよきょくせつ》に満ちていた。一九一三年一月、陸軍長州閥の有力者として三度首相となった桂太郎は、伊藤がしたように自前の政党を持とうとした。しかし、桂は同年十月に死去し、替わって加藤高明が立憲同志会を継承し、総理に就任した。同志会には、中央倶楽部と立憲国民党の一部に加え、桂系の官僚が参加した。

同志会は第二次大隈内閣の与党となったが、一五年に政権を離脱し、一六年に憲政会に衣替えした後は二四年まで野党の座に甘んじている。それでも、憲政会は政友会との差別化を図るために政策の立案に余念がなかった。

憲政会が「思想善導」を政策として打ち出したのは一九年一月であり、政友会よりも早い。加藤高明いわく、思想善導とは、国民の権利と自由を拡大して、義務と共同の精神を呼び起こすことである。具体的には、政権交代によって人心を一新すること、選挙権の拡張や社会政策を実現することなどを挙げている。[1] ただし憲政会は、言論・出版の自由を脅かしかねない取締法には反対した。

また憲政会は、大浦兼武《おおうらかねたけ》や伊沢多喜男《いざわたきお》らをパイプ役として内務官僚に人脈を築いていった。しかし、司法省に独自の人脈を築けなかったことは、政友会との大きな違いだった。

一九二七（昭和二）年六月、憲政会は政友本党と合同して立憲民政党を創立した。

最後に、立憲国民党に始まる第三党についても触れておこう。国民党は一九一〇年、非政友会、非憲政本党の議員の緩やかな連合体として結成された。総理は犬養毅《いぬかいつよし》である。少数政党に甘んじたが、弁護士やジャーナリストが集まり、リベラルな性格を持っていた。

思想問題に関する犬養の方針は、「思想には思想をもって」である。すなわち、政府の過剰な取り締まりを批判し、言論・出版・集会の自由を主張した。ひいては自由化のために、女子の政治集会への参加を容認する治安警察法の改正案を提出している。[2] 国民党はまた、普通選挙や社会政策にも熱心であった。党は一九二二年にいったん解党するが、革新倶楽部《クラブ》として再出発した。

治安維持法を制定した加藤高明の護憲三派内閣は、政友会、憲政会、革新倶楽部の連立政権として誕生したのである。

以上の四者の性格を踏まえながら、治安維持法の歴史を見ていこう。

2 明治・大正の思想問題

明治の取締法

一八七七(明治十)年九月二十四日、最大の士族反乱である西南戦争が終結した。以後、反政府運動は、立憲制の導入と政権の獲得を目指す自由民権運動へと移行した。この自由民権運動の拠点となったのが政治結社、すなわち政党である。

一方、明治政府は民権運動を取り締まるために、集会条例(一八八〇)、保安条例(一八八七)、集会及《およ》び政社法(一八九〇)を制定した。出版物に対しては出版条例(一八六九。のち一八九三に出版法)と新聞紙条例(一八七五。のち一九〇九に新聞紙法)があった。

それでも、一八九〇年に帝国議会が開設されると、民党（自由党と改進党）は衆議院で過半数を占め、政府にとっては無視できない存在となった。一八九八年には初の政党内閣（隈《わい》板《はん》内閣）が生まれ、一九〇〇年には立憲政友会が誕生して、政党は政権の担い手へと着実に成長した。

治安維持法成立以前に結社を規制した取締法として、一九〇〇年の治安警察法がある。この法律は民間の政治活動を規制する法律であり、政治結社、政治集会、多衆《たしゅう》運動（デモ）については警察署への届け出を義務づけ、秘密結社を処罰の対象とした。政治以外の公の事柄に関わる結社（公事《こうじ》結社）も、この法律によって必要に応じて規制された。そして内務大臣は、安寧秩序を保持するために結社を禁止することができた（第八条第二項）。

この治安警察法により、社会主義政党は一九〇一年五月に結成された社会民主党以来、しばしば禁止処分を受けた。社会主義者の集会や言論も当然取り締まりの対象となった。さらに、治安警察法第一七条は、同盟罷業《ひぎょう》（ストライキ）に誘惑することや煽動《せんどう》することを禁止し、ストライキ自体の発生を実質的に抑制した。

このように一見して万能な治安警察法だが、限界もあった。まず、結社の禁止処分はあくまで行政処分であって罰則ではない。また、最も重い秘密結社罪でも六ヵ月〜一年の軽禁錮《きんこ》であり、抑止力としては弱かった。司法省はこうした点に不満を募らせ、新たな取締法を求めたのである。

幸徳秋水と大逆事件

明治期の社会主義者のキーパーソンとして、幸徳秋水《こうとくしゅうすい》（伝次郎《でんじろう》）を挙げよう。

幸徳は一八七一（明治四）年高知県に生まれ、『萬朝報《よろずちょうほう》』の記者として活躍した。一九〇一年五月十八日には片山潜《かたやません》らと社会民主党を結成し（二十日禁止）、ロシアとの緊張が高まる一九〇三年には堺利彦《さかいとしひこ》とともに平民社《へいみんしゃ》を結成して非戦論を唱えた。幸徳は当初、議会を通して社会主義の実現を目指す議会主義論に立っていたが、一九〇五年の渡米後、議会を否定する直接行動論（アナルコ・サンディカリズム）に変化した。一九〇六年一月、議会主義に立つ堺利彦らは日本社会党を結成したが、帰国した幸徳が直接行動論を表明したことがきっかけで一九〇七年二月に解散を命じられた。

明治期にも社会主義者の取締法が検討された。一九〇七年十一月三日（明治天皇の誕生日）、サンフランシスコ日本領事館に天皇暗殺を仄《ほの》めかすビラが貼《は》られる事件があった。これを受けてか、内務省は一九〇八年五月までに、欧米諸国の無政府主義者、社会主義者の取締法について外務省に調査を依頼している。[3]

それに加えて、明治政府を支えた元勲としてなお影響力を持つ元老の山県有朋《やまがたありとも》は、当時内相の原敬に対応を要請していたばかりではなく、一九〇八年六月、政府の社会主義取り締まりが不十分であると明治天皇に上奏していた。六月二十二日には、社会主義者の出獄歓迎会に端を発した赤旗事件が発生し、これを一因として西園寺内閣は総辞職した。

そして一九一〇年五月、その後の社会主義取り締まりに決定的な影響を及ぼす事件が発覚した。明治天皇の暗殺計画、いわゆる大逆《たいぎゃく》事件である。幸徳は首謀者として検挙され、二六名が大逆罪に問われた。多くの被告は関連が疑わしかったが、一一年一月十八日、大審院は二四名に死刑判決を下し（うち一二名は特赦で無期懲役に減刑）、一月二十四日と二十五日に刑が執行された。社会主義者は事件の後、数年の間、逼塞《ひっそく》を余儀なくされた。

大逆事件をきっかけに、内務省は社会主義者の監視を強化した。一一年八月には警視庁に特別高等課が設置される。また、山県有朋は一〇年九月、「社会破壊主義取締法私案」なる取締法の制定を主張する「社会破壊主義論」を上奏している[4]（ただし、第二次桂太郎内閣が新たな取締法を検討した様子は見当たらない）。

大逆事件に際して、原敬は、過剰な圧迫は社会主義者を極端な行動に走らせるとして、政府の対応に不満を覚えた[5]。ただし、桂との間で政権交代の約束を交わしていた原は、議会では大逆事件を追及しなかった。政府を追及したのは、立憲国民党や無所属議員に限られた。

一一年八月に成立した政友会を与党とする第二次西園寺内閣では、原は再び内相となり、硬軟織り交ぜた対応をとる。同年十月、原は再結党した社会党を禁止する一方、大晦日《おおみそか》から元日にかけての東京市電のストライキに対してはやむをえない場合に限り検挙した。これは、行政の裁量を広くとる内務省の態度と通じるものともいえる。

これに対して、司法省はストライキに対して厳格に検挙を行い、内務省と対立した。[6] 法の支配を徹底する司法省特有の態度である。

こうして明治期の思想問題は、原と山県の相克とともに、内務省と司法省の相克を浮かび上がらせた。二つの官庁の対立は、原と山県が世を去った後も続いていく。

米騒動から原敬内閣へ

一九一四年七月に勃発《ぼっぱつ》した第一次世界大戦は、東欧のナショナリズムを火種として、欧米列強が血道を上げる総力戦に至った。

疲弊した参戦国の行き着いた先は革命だった。一七年にはロシアで「二月革命」「十月革命」、一八年十一月にはドイツ革命が起こり、オーストリアでもハプスブルク朝が廃絶した。帝国の滅亡と革命思想（ボリシェヴィズム）の流行は、ヨーロッパ諸国に緊張をもたらした。この時期、欧米諸国は、無政府主義や共産主義に対する取締法を相次いで制定している。

天皇を君主に戴《いただ》く日本にとっても革命は他人事《ひとごと》ではない。ただし、日本が社会主義の具体的なイメージを得るには、一九一八（大正七）年八月の米騒動を待つ必要があった。

一九一八年七月、寺内正毅《てらうちまさたけ》内閣はイギリスの要請に応じるかたちでシベリア出兵を決定する。すると米商人や投機家たちは、値上がりを見込んで米穀を買い占めた。米価は当然高騰し、死活問題となった中下層民は米屋や資産家を襲撃した。

全国規模で襲撃が発生したことに、内務省は当初、社会主義者の煽動を疑った。だが、調査の結果、成金や富豪に対する反感や生活の逼迫が理由であって、組織的な煽動はなかったと結論した。[7] 内務省と司法省には誤解、というよりも社会主義に対する過剰な警戒があったが、国民の生活不安を現実問題としてとらえるきっかけとなった。

米騒動の対応の失敗から寺内内閣が総辞職した後、一九一八年九月に政友会を与党とする原敬内閣が成立した。「本格的政党内閣」の登場は、日本にデモクラシーの潮流をもたらすことになる。

原敬内閣が練った思想対策は、おおよそ次のようなものである。

一つ目は、社会主義者と社会主義団体の視察（監視）の強化である。米騒動では組織的な煽動はなかったとはいえ、原敬は社会主義者を「煽動者」として警戒していた。[8]

一八年十二月に発足した東大新人会は、表向きデモクラシーを掲げた研究団体であるが、後に多くのメンバーが共産党に入党した。二〇年十二月には、新旧の社会主義者が合同して日本社会主義同盟を結成している（一九二一年五月解散命令）。

国外では、一九一九年三月にコミンテルン（第三インターナショナル）が成立する。この組織はロシア共産党（ボリシェヴィキ）が中心となり、各国の共産党を支部として世界革命を目指した。しかし実質的には、ソ連に従属する機関として機能していた。

二つ目は、労働運動に対する融和である。大正期にかけても、労働組合は公認されず、治安警察法第一七条は事実上ストライキを抑制していた。原は、労資協調の公的機関を設けて、労働者と資本家の歩み寄りを促そうとしたが、実現には至らなかった。

一方、内務省の若手官僚は、治安警察法第一七条の廃止と労働組合法の起草を進めようとした。しかし内務省の首脳部は一七条の廃止には反対であり、政友会も消極的だった。

三つ目は思想善導である。一九年五月、床次竹二郎内相は、神道、仏教、キリスト教の代表を招いて、思想善導に助力を要請している。[9] しかし、最大勢力である仏教団体の協力は進まなかった。また原は、洗礼を受けた経験からキリスト教に寛容だったが、次第に外国人宣教師から外来思想が伝播《でんぱ》することを警戒するようになった。そして二一年二月には新興宗教の大本《おおもと》教が不敬罪、新聞紙法違反容疑で検挙された（第一次大本教事件）。

このように、原内閣の思想対策は成果に乏しかった。その手詰まり感を示すように、司法省と内務省は二一年夏には過激社会運動取締法案を検討しており、原も山県も「過激主義宣伝等」の取締法を制定することに賛同している。[10] 原は法案の内容を事細かに指示したわけではないが、内務省の実力者の床次と司法省の実力者の平沼を介して、法案を後押ししたと見るべきである。

森戸辰男事件

過激社会運動取締法案を検討する前に、前提知識として森戸《もりと》辰男《たつお》事件を紹介したい。

これは、一九二〇（大正九）年一月、『経済学研究』創刊号に掲載された東京帝国大学経済学部助教授の森戸辰男の論文「クロポトキンの社会思想の研究」が、新聞紙法第四二条「朝憲紊乱」違反にあたるとして起訴された事件である。

この事件では、朝憲紊乱の意味が争点となった。朝憲紊乱とは、憲法の定める統治権や天皇の権限（天皇大権）を乱す行為であり、たとえば刑法第七七条内乱罪の「政府の顛覆《てんぷく》」「邦土の僭窃《せんせつ》」が考えられていた。一方で、弁護人の佐々木《ささき》惣一《そういち》京都帝国大学法学部教授は限定的な解釈をとった。すなわち、「朝憲」とは法で定められた国家の基本的な政治組織であり、具体的には内閣、議会、裁判所制度を指す。また「紊乱」とは暴力や不法手段をもって破壊することを指す。佐々木いわく、森戸論文は国家権力と私有財産制度の廃止を理想としているものの、廃止する手段を示していないので朝憲紊乱に該当しない。[11]

第一審は弁護側の主張を一部認め、森戸論文は朝憲紊乱にはあたらない、と判断した（新聞紙法第四一条「安寧秩序紊乱」違反で有罪）。だが第二審と大審院は、国家の存立を危うくする恐れがある場合は手段の如何《いかん》を問わず朝憲紊乱にあたるとして、森戸と編集人の大内兵衛《おおうちひょうえ》を朝憲紊乱違反で有罪とした。不法手段の有無の議論は脇に追いやられてしまった。

森戸事件は、学問・言論・出版の自由を脅かす事件としてだけでなく、検察が出版警察に介入する事例としても記憶された。内務省は東大に自主回収させることで穏便に済ませようとした。だが、首相兼法相の原敬と平沼検事総長が起訴を押し通したのである。[12]森戸事件の後、内務省は二〇年頃から禁止基準の明確化を謳《うた》って出版法の改正案を起草した。[13]これは検察を牽制《けんせい》しようとしたことに間違いない。

しかし、この出版法改正案は司法省の反対を受けてか、提出されることはなかった。それにかわり、二二年二月の第四五議会には過激社会運動取締法案が提出されたのである。

3　過激社会運動取締法案の挫折

「宣伝」取締法として

過激社会運動取締法案を一言で表せば、「宣伝」取締法である。閣議決定案の第一条から

第三条を確認しておこう。

第一条　無政府主義、共産主義其《そ》の他に関し朝憲を紊乱する事項を宣伝し又は宣伝せんとしたる者は七年以下の懲役又は禁錮に処す

前項の事項を実行することを勧誘したる者又は其の勧誘に応じたる者罰前項に同じ

第二条　前条第一項の事項を実行又は宣伝する目的を以《もっ》て結社、集会又は多衆運動を為したる者は十年以下の懲役又は禁錮に処す

第三条　社会の根本組織を暴動、暴行、脅迫其の他の不法手段に依《よ》りて変革する事項を宣伝し又は宣伝せんとしたる者は十年以下の懲役又は禁錮に処す

法案はなぜ作られたのか。内務省は第一に、社会主義者がロシアと連絡をとって宣伝を計画していること、第二に、既存の治安警察法、新聞紙法、出版法では対応できず、罰則も軽いことを挙げている。たとえば共産主義者の近藤栄蔵《こんどうえいぞう》は、一九二一（大正十）年四月に上海《シャンハイ》へわたり、コミンテルンから日本共産党の結党資金を受けとった帰路に下関で逮捕された。しかし、資金受領を罰する法がないために近藤は解放された。その後、近藤は同年八月に暁《ぎょう》民《みん》共産党を組織し、同年十一月には宣伝ビラを貼付する計画を立てた。近藤の一連の活動は

過激社会運動取締法案を制定するための格好のケースといえた。

これより先、内務省は早くも一八年十月にはアメリカの共産主義者の国外追放法について、外務省に調査を依頼している。さらに一九年五月には警保局が外務省に調査を依頼し、二一年九月までにアメリカ、イギリス、フランス、イタリア、ドイツ、ベルギー、オランダ、ブラジルの取締法を入手している。[14]内務省は、とりわけ法律用語を詳細に定義するアメリカの州法に注目していた。

このように調査を開始したのは内務省が先だが、原案を起草したのは司法省が先である。二一年八月、司法省は政府の行政命令にあたる緊急勅令案を作成している。司法省案は、「朝憲紊乱」を条文に入れることにこだわり、ほかにも「人倫」「安寧秩序」「私有財産制度」といった抽象的な文言を好んでいる。包括的な用語を用いて適用範囲を広くとろうとしたのだろう。

一方、当時の内務省では、先進的な政策を立案する若手から中堅の参事官が力を持っていた。内務省参事官室は、「朝憲紊乱」を「共産主義、無政府主義」などといった具体的な用語に改めること、その他の禁止事項は出版法、新聞紙法、治安警察法など従来の法律で取り締まることを主張している。また内務省は、緊急勅令ではなく議会の議決を要する法律とするよう提案していた。ただし、治安を担当する警保局はむしろ法案を推進する立場をとり、参事官と対立した。結局、司法省との交渉の結果、法案の文言は相当に曖昧なものとなったのである。

なお、宣伝の罰則は当初は第二条だったが、これを第一条に移して「宣伝」取締法であることを強調したのは内務省の意向である。直近の理由には近藤栄蔵の宣伝ビラ計画があったし、おそらくは治安警察法との差別化を図ったのだろう。なお、警保局が追加で調査したドイツの「共和国擁護に関する緊急大統領令」（一九二二年八月二十九日施行）には、反共和国的な出版物を取り締まる条文があり、参考に供された可能性がある。[15]

貴族院の抵抗

一九二二（大正十一）年二月十四日、政友会を与党とする高橋是清内閣は過激社会運動取締法案を閣議決定し、十八日、第四五議会に提出した。原敬は前年十一月に暗殺され、高橋が後を継いでいた。

法案は衆議院に先んじて貴族院に諮られた。貴族院で法案を批判したのは、長年功労ある官僚や軍人から推薦された終身の勅選議員であり、その急先鋒《せんぽう》は元内務官僚の伊沢多喜男（同成会《どうせいかい》）である。伊沢たち反対派は、政友会と敵対的だった茶話会《さわかい》、同成会、公正会《こうせいかい》、無所属派の幸四派《さいわいよんぱ》に属しており、立場としては憲政会に近かった。

貴族院での第一の争点は「朝憲紊乱」の定義である。内務省の解釈では、統治権と国家組織を不法に変更することを意味した。これは森戸事件の弁護側の主張に等しい。しかし、司法省は森戸事件の大審院判決と同じく、不法手段の有無を問わず朝憲紊乱にあたると主張した。他方、伊沢は、朝憲を合法的に変革することもあるのではないか、と追及している[16]。

議論の結果、用語の定義としては、「朝憲紊乱」＝「統治権と統治組織の変更」＝無政府主義、また「社会の根本組織の不法変革」＝「私有財産制度の（不法な）否認」＝共産主義という定義が採用された。これは、治安維持法にも引き継がれることになる。

第二の争点は「宣伝」の定義である。内務省は宣伝を、「不特定多数の人に対する勧誘」と定義し、単に事実を伝えたり公にしたりすることはあたらないと説明した。しかし、裁判官や検察官の裁量に委《ゆだ》ねられるのではないか、という疑問は当然残った。

伊沢たちの執拗《しつよう》な批判は、貴族院に二度も法案を修正させた。修正した第一条は次のとおりである。

第一条　外国人又は本法施行区域外に在る者と連絡し朝憲を紊乱する事項を宣伝したる者は三年以下の懲役又は禁錮に処す

無政府主義と朝憲紊乱は同じであるという理由から、朝憲紊乱という言葉だけが残った。また、外国人（たとえばコミンテルン）や国外在住者（朝鮮人や在米社会主義者）と連絡することが要件として追加された。さらに勧誘罪は削除され、罰則も軽減された。近藤栄蔵の例を見れば妥当な修正であるが、当初の法案はすっかり骨抜きになったといえる。この修正案は貴族院を通過したが、法案が衆議院に回付された時点で閉会となり、廃案となった。

なぜ廃案となったか

過激社会運動取締法案はなぜ廃案となったのか。[17]

第一に、学者や新聞、言論人の反対論である。多かったのは、思想には思想をもって「善導」するべし、という意見である。また、森戸事件に鑑《かんが》みて、宣伝罪が言論・出版・学問の自由を制約するのではないかと懸念された。なお、当時の社会主義者は議会での政治活動自体を否定しており、法案に対しては全く沈黙していた。

第二に、政党の反対論である。まず野党である憲政会と国民党は、法案反対で一致していた。一方、政友会にも慎重論はあり、法案を衆議院に回付した時点で審議を止める合意があったことが後に発覚している。[18]

加えて、政友会の内紛も無視できない。総裁の高橋是清は、原内閣の積極財政を改め、健全財政を打ち出そうとしていた。だが党内には床次竹二郎を中心として、原の路線を継承する非主流派が勢いを得ていた。高橋は非主流派の要求を打ち切るために、会期延長の手続きをあえてせず、結果として過激社会運動取締法案も廃案となったのである。

第三に、主管官庁の司法省と内務省は、議会の答弁で見解をすり合わせる有様だった。両者を統合していたリーダーの原敬なき後では、官庁のセクショナリズムが噴出するのは必然だった。廃案という結果を受けて、内務省は過激社会運動取締法案に消極的となった。

そして第四に、法案不成立の直接の要因は、貴族院の反発にあった[19]。

もちろん、高橋内閣と政友会は貴族院対策として、最大会派の研究会と提携していた。そこで数で劣勢に立つ幸四派がとったのは、議事を引き延ばして審議未了に追い込む、一種の牛歩戦術だった。多用はできないが、それなりに有効な手段である。

また、貴族院の反対者はいずれも憲政会に近い勅選議員だった。法案をめぐる「研究会対幸四派」の構図は、政友会と憲政会の代理戦争の様相を呈していた。

こうした失敗の要因は、翻って取締法を成立させる条件を示唆する。すなわち、①法案から曖昧な文言や宣伝罪を除くこと、②内務省と司法省の意見を一致させること、③衆議院と貴族院を説得すること、④政友会と憲政会を包摂する政権をつくること、である。後に治安維持法を制定する護憲三派内閣は、まさにこれらの条件を満たしていた。

第一次日本共産党事件

第四五議会を切り抜けた高橋内閣は間もなく総辞職し、一九二二（大正十一）年六月十二日、前海軍大臣の加藤友三郎《ともさぶろう》を首班とする加藤内閣が発足した。政友会は事実上の与党として閣外協力に立った。

この加藤内閣の時代には、国内外の社会主義勢力が存在感を示した。まず国内では、労働運動、小作争議、水平《すいへい》運動などの社会運動が活発化した。これに対して、警保局は通牒《つうちょう》をいくつも発して指示を行うことで、運動に対応しようとした。[20]また七月十五日には、第一次日本共産党が結成されている。もっとも、これは組織だった党というより、社会主義者六〇名ほどが集まったサークルに近いものだった。

なお加藤内閣の警保局も、過激社会運動取締法案を検討した。背景には、加藤内閣が一九二二年六月、ソヴィエト政権への牽制を目的として四年に及んでいたシベリア出兵の終了を決定した事情があった。政府内には、陸軍の撤兵に合わせてソヴィエト政権による思想宣伝の工作が活発化することを懸念し、取締法の制定を求める意見もあった。[21]

警保局は前回と同じ轍《てつ》を踏むことを避けたのだろう、現存する四種類の草案は、いずれも「宣伝」の語句を「勧誘」に改めている。不特定多数に対する宣伝ではなく、特定の人間に対して行う勧誘に改めることで、処罰する対象を狭くとろうとしたと思われる。また内務省の草案は、朝憲紊乱に代わる具体的な文言を検討しており、候補の一つとして「国体または政体を変壊する事項」が挙がっている。[22]この時の内務省の作業が、後の治安維持法案につながったと見ることもできる。

もっとも、加藤内閣は第四六議会では過激社会運動取締法案の提出を見送っている。内務省内ですら反対意見が大多数であり、政友会や憲政会の賛成も見込めなかった。議会の外でも、社会主義勢力が共産党の支持を得て、過激社会運動取締法案、小作争議調停法案、労働組合法案に対する三悪法反対運動を展開していた。

次に国外の状況では、二二年十二月三十日、ソヴィエト連邦（ソ連）が正式に成立している。日本政府はこれを機にソ連との国交樹立を視野に入れ始める。

二三年二月、かねてからロシアとの提携を志向していた元東京市長の後藤新平の招聘《しょうへい》により、ソ連極東代表のヨッフェが来日した（後藤はイデオロギーを重視しなかった）。加藤内閣も日ソ交渉の足掛かりとして、私人としてのヨッフェの来日を容認した。

しかし、警保局は水野《みずの》錬太郎《れんたろう》内務大臣との衝突も辞さず、独断でヨッフェの来日を阻止しようとした。[23]警保局は新たな取締法に慎重ではあったが、社会主義者の連絡を防ぐ取締法がないぶん、なりふりかまわない手段をとったのである。ヨッフェが入国しても社会主義者は表面上静かだったが、その裏で宣伝活動は巧妙化し、勢力を拡大していた。

そして二三年六月五日、第一次日本共産党事件が起こる。警視庁はスパイを用いて共産党員の佐野学《さのまなぶ》の動向を探らせており、検挙は警視庁が主導となって行われた。堺利彦ら二九名が治安警察法の秘密結社罪で起訴され、二六名が有罪となった（佐野は逃亡した）。

一方、検察は検挙には消極的だった。共産党の綱領草案には天皇を脅かす項目は一切なく、共産党を大逆罪に問うには証拠が足りず、軽禁錮六ヵ月の治安警察法の秘密結社罪を問うよりほかなかったためである。実は共産党は二二年十一月には、モスクワに本部を置く共産党の国際機関であるコミンテルンへの加盟を果たしていた。その際、共産党はコミンテルンより「二二テーゼ」を受けとったが、テーゼにあった君主制廃止を党の綱領に載せることに異論が出て、党の綱領は決定しなかったのである。共産主義を罰する法律がない以上、検察は秘密結社罪を適用するほかなく、不満が残った。司法省にとって、第一次共産党事件とは、現実に対応できない法の限界を示すものだった。その司法省が意外なかたちで取締法を得るのは、この事件から三ヵ月後のことである。

関東大震災による治安維持令

一九二三（大正十二）年九月一日午前十一時五十八分、関東地方で余震を伴う激しい地震が発生した。この関東大震災の死者・行方不明者は一〇万五三八五人に達した。

震災直前に急死した加藤友三郎の後を受けて第二次山本権兵衛《やまもとごんべえ》内閣が発足したのは、九月二日夜のことだった。

被災地の惨状を前に、九月二日には戒厳令が施行され、軍と警察によって治安維持が行われた。しかし、被災地では朝鮮人が来襲するとの流言が広がり、自警団による殺傷事件が発生する。警察や軍も流言を否定せず、自らも殺傷に手を染めた。

一方の司法省は、法律に代わって緊急勅令を公布して流言蜚語《ひご》を取り締まろうとした。緊急勅令をリードしたのは、第二次山本内閣の法相田健治郎《でんけんじろう》（兼任農商務相）である。田は、自警団が「数百人」の朝鮮人を殺傷する状況を憂慮し、九月五日、議会が閉会中の緊急措置として緊急勅令の立案を部下に命じている[24]。立案はもっぱら司法省が担い、警保局は追認的だった。

こうして九月七日、緊急勅令「治安維持に関する件」、別名「治安維持令」が公布された。勅令は、①暴行、騒擾《そうじょう》、その他生命、身体、財産に危害を及ぼすべき犯罪の煽動、②安寧秩序の紊乱を目的とする流布、③人心の惑乱を目的とする流言浮説に、一〇年以下の禁錮・懲役、または三〇〇〇円以下の罰金を科している。文言が抽象的であること、宣伝とよく似た不特定多数に対する「流布」や「流言浮説」を処罰することは、過激社会運動取締法案を彷《ほう》佛《ふつ》とさせた。また、朝鮮人に関する流言を防ぐ当初の目的を超えて、資産家や高官を狙った「不良の徒」を取り締まることも可能だった。

ただし、「安寧秩序紊乱」という特定の目的を持っていることによって初めて犯罪を認定する、「目的罪」を採用したことは注目に値する。司法省は起草にあたって、イギリスの「危険思想宣伝取締法」「危険思想教示取締法」を参照していた（一九二二年。ただしいずれも不成立）[25]。

また、司法省と内務省には、あくまでも〝緊急〟の勅令という自覚はあり、適用を限定するよう指示している。一九二四年末までの治安維持令の適用は、たとえば二四年四月に大阪で「米は地主や国家によりて作られたのではない、皆小作人の勤労によってつくられた其米を働かずに取る奴は盗人だ、地主であろうと、天皇であろうとたたき倒せ」[26]というビラを貼った者（懲役一年六ヵ月）を含めて、二〇件にとどまる。

緊急勅令は、直近の議会である二三年十二月の第四七臨時議会で承認を得る必要があった。憲政会は、治安維持令が言論の自由を脅かすことに懸念を表明したものの、次期議会で廃止することを条件に承認した。一方、政友会は緊急勅令を全面的に支持し、将来は単行法として制定することを希望した。このように、憲政会と政友会の態度には温度差があった。

司法省としては、恒久の法律を制定することがより望ましい。そんな司法省の背中を押したのが虎ノ門事件である。

虎ノ門事件

一九二三(大正十二)年十二月二十七日、第四八議会の開院式に向かう摂政宮《せっしょうのみや》(後の昭和天皇)の馬車を、難波大助《なんばだいすけ》が狙撃した。摂政宮に怪我《けが》はなかったものの、山本内閣は引責辞職した。難波は翌一九二四年十一月に大逆罪で死刑を執行された。

内閣更迭という痛手はあったものの、虎ノ門事件は取締法を制定する格好の口実となった。事件翌日の二十八日の貴族院秘密会では、難波が早稲田高等学院に通い、『改造』『解放』など左派論壇誌を愛読していたことから、「過激思想」を媒介する教育・言論を取り締まるべしとの意見があった[27]。また、第二次山本内閣で普通選挙の導入が検討された際、法相の平沼騏一郎は、交換条件として共産党を禁止する法律を要求したという[28]。普通選挙とテロリズムという二つの理由を得て、司法省は二四年から治安維持法案の起草に着手している。

こうした司法省の決意とは裏腹に、社会主義運動は停滞していた。関東大震災の混乱のさなか、中立派の労働運動家であり作家としても活動していた平沢計七《ひらさわけいしち》と、同じく労働運動家で日本共産青年同盟の委員長でもある川合義虎《かわいよしとら》が、亀戸《かめいど》警察署で軍隊に殺害された。さらに、明治から大正期にかけて無政府主義運動を牽引したアナーキストである大杉栄《おおすぎさかえ》は、内縁の妻の伊藤野枝、甥《おい》とともに甘粕正彦《あまかすまさひこ》憲兵大尉に殺された。そして虎ノ門事件は、「危険思想」とテロを容易に結びつけ、社会主義に対する反感を生んだ。関東大震災以降、党員の生命の危険を覚えた共産党は二四年二月に解党を決定している。

以上見たように、内務省と司法省は「危険思想」をめぐって競合と協調を繰り返していた。内務省は社会運動に対しては比較的寛容であり、新たな取締法をつくることにも慎重な姿勢をとった。法の適用は柔軟であり、合法的な範囲の運動は許容したが、革命を目指すと思われる共産主義勢力を取り締まるためには強引な手段も辞さなかった。

一方で、司法省は法の適用に厳格であり、学問や言論の領域を含めて社会主義思想を取り締まる新たな法を欲した。ただしその根底には、新たな問題を解決するには明確な法的根拠を要するという、法の支配の観念があった。

そして、政友会は司法省と、憲政会は内務省とそれぞれ親和性を高めていった。原敬というカリスマが退場した後、政党と官僚の対立を調整するためには、一人のリーダーに頼らない方法を模索しなければならなかった。治安維持法はまさに、二つの官庁と二つの政党を架橋した加藤高明――護憲三派内閣で成立するのである。

第2章　治安維持法の成立

この章ではいよいよ、治安維持法が成立するまでを見ていく。「治安維持法がなぜ、一九二五（大正十四）年に成立したか」という問いには二つの有力な説がある。

一つは、二五年三月に成立した男子普通選挙法を認める交換条件として、枢密院が共産党を取り締まる法の制定を要求したとする「アメとムチ」説である。[1]

もう一つは、二五年一月に日ソ基本条約を締結し、ソ連と国交を樹立したことを契機として、コミンテルンの共産主義の宣伝を警戒したとする「日ソ国交樹立」説である。[2]「はじめに」で触れた、清水幾太郎の④「天皇制転覆を図るソ連に対して防衛が必要だった。諸外国も取締法を制定していた」という意見はこちらに近い。

二つの説はそれぞれ正しい。見方を変えれば、「アメとムチ」説は国内の要因を、「日ソ国交樹立」説は外交的な要因をそれぞれ重視しているといえる[3]。

ただし、二つの説は一面的でもある。治安維持法を普通選挙法の交換条件として見るだけでは、宣伝の取り締まりを目的とした過激社会運動取締法案以来、法案が変遷した経緯を軽んじることになる。また、たとえソ連と国交を樹立したとしても、思想対策として取締法を制定するという選択肢が自明なわけではない。そもそも法に任せるべきかという問題がある。そして法律として成立するには、議会で多数派の支持を得る必要がある。

本書は、治安維持法が一九二五年に成立した最大の要因は、前年に成立した加藤高明連立内閣だったと考える。憲政会と政友会の連立政権は、衆議院の多数を確保するだけでなく、二つの政党を介して貴族院の協力を得ることも可能とした。貴衆両院の支持を得る連立政権であれば、遅かれ早かれ治安維持法に類する法律はできていただろう。

また、治安維持法には、「結社」取締法という重要な性格がある。この法律は、実行行為を罰する内乱罪や大逆罪とは異なり、国体の変革や私有財産制度の否認の拠点となる、結社を取り締まるという体裁をとった。

一九二二年の過激社会運動取締法案は、思想の宣伝を罰する「宣伝」取締法の体裁をとっていた。だが、言論や学問、出版の自由を侵害するという批判を浴びて大幅な修正をしいられ、不成立となった。治安維持法はこの轍を踏まないように配慮した面もあった。

ただし、司法省と内務省はその実、治安維持法案の起草作業の終盤まで、「宣伝」取り締まりの余地を残そうとしていた。結論を先取りすれば、治安維持法を「結社」取締法として性格づけたのは、憲政会と加藤高明首相の意向によるところが大きかったのである。

1　「日ソ国交樹立」と「アメとムチ」

発端は司法省

前章でも触れたように、治安維持法案の起草を開始したのは司法省が先だった。

一九二四（大正十三）年一月七日、虎ノ門事件で倒れた第二次山本内閣の後を継いで、枢密院議長の清浦奎吾《きようらけいご》を首班とする清浦内閣が成立する。司法大臣の鈴木喜三郎《きさぶろう》は、刑事局長の山岡万之助《まんのすけ》に命じて、治安維持法案を起草させている。

司法省が二四年に作成した「左傾思想に基《もとづ》く秩序壊乱に対する処置」という文書は、治安維持法案起草の理由を説明していると見てよい。いわく、「近年左傾思想に基き国権を無視し国法上の秩序を壊乱せんとする者少なからざるのみならず無政府主義の傾向よりして皇室に対する不敬事件昨年に入りて激増したることは国家の為め憂慮に堪えざる所なり」[4]。「皇室に対する不敬事件」は虎ノ門事件を指すのだろう。そしてこの文書は、「政府は之《これ》に顧み新《あらた》に取締法を制定し国法上の秩序を壊乱せんとする結社集会乃至《ないし》流布等の行為を厳罰し以て将来の禍根を除去せんことを期す」と結んでいる。司法省は国内に無政府主義や不敬思想が広まることを憂慮し、風説を広めるという意味で宣伝とよく似た「流布行為」を罰する、新たな取締法を欲したのである。

司法省の初期の草案には、治安維持令のように流布罪を主とする路線があった。三宅正太《みやけまさた》郎《ろう》司法参事官の草案の第一条では、「国体を変革し、国家を否認し其の他暴力威逼《いひつ》に依り憲法に定むる統治組織を壊乱する目的を以て其の事項を是認する思想を流布したる者は七年以下の禁錮に処す」としている[5]。

司法省の起草作業は、二四年二月二十七日の『東京朝日新聞』夕刊で早くも報じられる。記事によれば、治安維持令を次の議会で廃止する代わりに新たな「取締法案」を提出するという。

司法省は二四年五月十七日に、内務省へ第一次法案を送っている。この第一次案の内容は不明だが、この後に確認できる司法省の草案は結社罪を主としている。司法省は流布罪を主とする法案の作成を断念したのである。

大正デモクラシーの時代にあっては、言論の自由を保護することは重要だった。そして通信技術が未発達な戦前においては、思想の宣伝は出版物を媒介とするところが大きい。出版物を作成するにはある程度の組織と設備が必要であり、宣伝の拠点となる結社を取り締まることで、宣伝を取り締まる効果が期待できた。司法省が最終的に結社罪を主としたのは、その効果に大きな違いがないことを踏まえ、宣伝ではなく結社を罰することで、個人の言論活動には深く立ち入らないというスタンスを示そうとしたと考えられる。

しかしもちろん、結社を取り締まれば宣伝を完全に防げるというわけでもない。司法省も内務省も途中までは「宣伝」罪に未練があったらしく、言論を対象としうる「流布」罪や「流言浮説」罪を残そうとしている。後に述べるように喫緊の課題は、ソ連からやってくると予想された共産主義思想の宣伝だった。

内務省のインテリジェンス

もう一方の主役である内務省は、なぜ治安維持法に賛成したのだろうか。それはひとえに、ソ連とコミンテルンを警戒したためである。

ロシア革命の後、内務省は国際的な共産主義運動に対応するため、海外に諜報《ちょうほう》機関を置く必要を感じていた。外務省や陸軍と違って出先機関を持たない内務省は、取り急ぎ上海、ウラジオストック、ハルビン（哈爾賓）に事務官を派遣して諜報活動にあたらせていた。

このうち、一九二二（大正十一）年十一月から二四年十二月までハルビンに派遣されたのが、大久保留次郎《おおくぼとめじろう》である。大久保は一八八七（明治二〇）年茨城県に生まれ、東京高等師範学校（現筑波大学）を出て内務省に入り、警察畑を歩んだ。戦時中に東京市長を務め、戦後は衆議院議員となり、鳩山一郎《はとやまいちろう》内閣、石橋湛山《いしばしたんざん》内閣、岸信介《きしのぶすけ》内閣で国務大臣を歴任した。

ハルビンは、一九世紀末にロシアが中東《ちゅうとう》鉄道の敷設権を得て以来、満洲（中国東北地方）の交易都市として発展した。中東鉄道と南満洲鉄道（満鉄）につながる南支線を結ぶ中継地であり、伊藤博文は一九〇九年にこの地で朝鮮人安重根《アンジュングン》に暗殺された。ハルビンから中東鉄道を西に進み、終点の満洲里《まんしゅうり》から先はソ連領となり、シベリア鉄道でモスクワに至る。

現存する大久保の報告（以下、大久保情報）は、一九二二年十二月から始まり、二四年七月までが確認できる。[6] 報告には月二回の定期報告「情報第〇号」と、機密度の高い不定期報告「哈秘第〇号」の二種類があり、モスクワの日本共産党員、コミンテルン、ソ連政府、極東の反ソ勢力の情勢などを内容とする。大久保の情報源はソ連共産党の機関紙『プラウダ』やハルビンの現地人の談話だが、ロシア人のスパイも用いていた。[7]

大久保情報は内務省警保局長や警視総監のほか、関係機関に送られた。ただし、司法省へは原則として回付されず、内務省と司法省の間に情報格差を生んだ。司法省が国内の思想を憂慮したのに対し、海外の情報を得た内務省はコミンテルンの影響を重く見て、治安維持法に賛同したのである。

それでは、大久保情報は内務省にいかなる影響を与えたのだろうか。ここで紹介するのが、二四年三月以降の大久保情報に登場する「上海極東共産党会議」なる記事である。

記事によれば、会議は極東のコミンテルン支部（共産党）の代表者を集めて五月二十七日から六月二日まで上海で開かれ、日本共産党の佐野学と高津《たかつ》正道《せいどう》も出席したという。

そして広島中央会議代表の保坂なる人物は、「日本の共産党員は一九二三年十一月一日約三四〇〇〇名の党員及候補者を数え、一九二四年五月一日には約四七〇〇〇名となれり。日本にては党員、候補者、賛成者の三種に分ちて党の名簿に記録す」という驚くべき発言を行っている。[8]

大久保情報の虚実

もっとも、この「上海極東共産党会議」の信憑《しんぴょう》性は相当に疑わしい。

もともと第一次日本共産党は六〇人に満たないグループであり、細胞（党の末端組織）を作る間もなく検挙され、一九二四（大正十三）年二月に解散した。またこの頃、佐野学はモスクワにおり、六月十七日から始まったコミンテルン第五回大会に参加している（佐野が上海に移るのは十月）。そして、高津正道は二四年六月四日に東京控訴院検事局に自首しており、会議に出席したとは考えにくい。管見の限り、会議を裏付ける資料は発見できなかった。

実は、日本共産党とモスクワの連絡ルートは、二三年にハルビン経由からウラジオストック経由に変更されていた。[9] したがってハルビンは共産党の情報を収集するには適してはいなかった。また、内務事務官の大久保には、外務省の管轄の領事館警察を動かす権限はなく、諜報能力にはおのずと限界があった。

しかし、この大久保情報は、警保局の認識をかなり規定していたようである。二四年六月に警保局が編纂した「最近に於ける本邦社会主義運動概況」（第四九回議会の参考資料）は、コミンテルンの資金援助を受けて「ボルセビズム」（労農階級の独裁）を目指す共産主義者を、社会主義運動の本系と見なしている。[10] 文書は総じて日本共産党が活動を継続しているように記述しており、「上海極東共産党会議」にも触れている。

さらに、警保局は一九二三年から二四年に、愛知県のLP結社、群馬県の岩鼻《いわはな》結社、長野県のLYL（Liberal Youth League）結社、北海道の鎖断社《さだんしゃ》を相次いで検挙し、これらを共産党の細胞と見なした。警保局の関心は個人単位から結社単位へと移っていた。このことは結社罪を後押ししたといってよい。

しかし、客観的に見て上海極東共産党会議は明らかな誤報であり、日本共産党に対する過大評価だった。もちろん内務省には湯浅倉平《ゆあさくらへい》次官のように、治安維持法に慎重な人間はいた。だが、誤った情報が冷静な分析を妨げ、警保局を逸《はや》らせたのである。

護憲三派内閣

治安維持法は、護憲三派内閣がなければ、「結社」取締法として成立することはなかっただろう。なぜなら、首相の加藤高明と与党筆頭の憲政会が「宣伝」取り締まりを嫌っていたからである。

加藤内閣の成立は、政友会の内紛を発端とする。清浦内閣と対立する高橋是清ら主流派に対して、床次竹二郎ら非主流派は離党して政友本党を結成し、清浦内閣の与党的な立場をとった。

これに対して政友会は、憲政会、革新倶楽部と提携し、貴族院内閣の打破を掲げて倒閣運動を展開する。いわゆる第二次憲政擁護運動であり、三党は護憲三派と呼ばれた。二四（大正十三）年五月十日の総選挙では、護憲三派が過半数を制した。元老の西園寺公望は憲政会総裁の加藤高明を首班に指名し、六月十一日、第一次加藤高明内閣が発足した。

加藤高明は、三菱財閥の女婿《じょせい》でもあったから、共産主義思想とは相容れなかった。一方、

護憲三派の党首たち。左から加藤高明、犬養毅、高橋是清
（毎日新聞社提供）

加藤は「思想は之を取締るも無益である」として、思想の抑圧を好まなかった。[11]

首相として加藤が果たした最大の外交成果は、日ソ国交回復である。加藤は野党時代から日ソ国交の早期回復を主張していた。ではソ連と国交を結んだ場合、予想される共産主義思想の宣伝にどのように対応するべきか。加藤の答えは、ソ連との間で宣伝を取り締まる協定を結べばよい、というものだった。[12]協定で宣伝を禁止できれば、国内法で宣伝を取り締まる必要性は薄らぐから、治安維持法に宣伝罪を盛り込む必要がなくなる。

憲政会も与党である以上、内務省や司法省、連立相手の政友会の要求を容れる必要があった。さりとて憲政会は、過激社会運動取締法案や治安維持令に反対した経緯があり、宣伝罪やそれに類する罰則を盛り込むことは好まなかった。要するに憲政会は、自分たちの政権で、言論の自由を制限する取締法を作りたくなかったのである。そしてこの希望は、日ソ国交回復交渉のなかで、加藤高明首相の意向として大義名分を得ることになる。

日ソ基本条約

日ソ国交回復交渉は、清浦内閣時代の一九二四（大正十三）年五月十五日から北京で始まった。日本全権は駐華公使の芳沢謙吉《よしざわけんきち》、ソ連全権はカラハンである。

その後の政権交代を挟んで、加藤内閣は二四年七月、思想宣伝を禁止する協定を結ぶことを正式な方針とした。日本側の提案は次の三点である。

①日ソ両国は相手国の政治、社会を破壊する目的で宣伝を行わない。
②日ソ両国は相手国で宣伝を行う団体を支持しない。
③日ソ両国は宣伝団体が自国内に存在することも認めない。

このうち②③は明らかにコミンテルンを意識していた。だが、カラハンは②③については一貫して反対し、ソ連政府とコミンテルンの関係も全否定した。

交渉は平行線をたどり、二四年十二月一日、芳沢は交渉を継続するには「過激主義取締に関し厳重なる法律を制定すること」が必要である、と幣原喜重郎《しではらきじゅうろう》外相に打電する。[13] 幣原は、国内の取り締まりとしてできる限りの手段を講じることを返答している。二人のやり取りは、外務省は宣伝禁止問題ではソ連に譲歩するので、国内の取締法に期待することを暗に示していた。幣原としては、コミンテルンの存在を禁止することだけは譲れない一線だったが、やはりソ連は承諾しなかったため、黙認することで妥協している。

こうして、日ソ基本条約は二五年一月二十日付で締結された。前述の①を盛り込んだ条約の第五条は、一般に「宣伝禁止条項」と呼ばれる。すなわち第五条後段では、「締約国の為何等《なんら》かの政府の任務に在《あ》る一切の人及び締約国より何等かの財的援助を受くる一切の団体」に、相手国の安寧秩序を乱す行為を行わせてはならないことをお互いに確認している。ここでは、思想宣伝の禁止を明記したわけではなく、違反した場合の罰則もない。しかし、ともかくもソ連からの思想宣伝を非難できる根拠を得たことで、加藤高明の目標は達せられた。

日本政府が日ソ基本条約を発効させるには、さらに枢密院の諮詢《しじゅん》を経て条約を批准する必要があった。枢密院は、憲法や条約などの国務の重要事項について憲法に照らして審査を行う機関であり、俗に「憲法の番人」と呼ばれた。

二月十二日からの審査委員会では、やはり「赤化宣伝」について枢密顧問官から質問が相次いだ。

一つ、コミンテルンは第五条で禁止される団体に該当するか。幣原は、コミンテルンの資金がソ連政府から充当されていることは明らかであるが、立証は困難として明言を避けた。幣原いわく、「その該当することについては何らの諒解《りょうかい》はないが、日本側はその解釈である。ただし先方はあるいは該当しないと解しているかもしれない」とかなり適当である。[14]幣原と芳沢は交渉の過程ではコミンテルンの存在を黙認したが、枢密院には事情を伏せて説得したのだと思われる。

二つ、国内の宣伝対策について、外務省欧米局長の広田弘毅《ひろたこうき》は、共産党を容認した英独両国で共産主義運動が紛糾している例を挙げ、むしろ「共産主義を厳重に取締る方が、かえって対ソ関係を円満ならしめる」と説明した。[15]また憲政会の若槻礼次郎《わかつきれいじろう》内相も、(学生に向けられた)「赤化宣伝」の対策として治安維持法の概要を説明している。[16]こうして、国内での宣伝対策を前提とした上で、二月二十五日に日ソ基本条約は批准された。

さてここで、「日ソ国交樹立」説の評価をしておきたい。この説に対しては、日ソの国交樹立をきっかけとしてコミンテルンの宣伝が懸念され、治安維持法が制定されたとするならば、肝心の治安維持法に宣伝を取り締まる内容がないのはおかしいではないか、という指摘がある。[17]

この点については、加藤高明の構想に従って日ソ基本条約に「宣伝禁止条項」が挿入された経緯に注目するべきである。加藤の構想は、「宣伝禁止条項」があれば国内法で宣伝を取り締まる必要はない、という論理にも転じることができた。確かに、条項の実効性は相当に怪しく、外務省は条約ではなく国内法で思想宣伝を取り締まることを期待していた。だが、与党憲政会は、言論の自由を主張して宣伝罪や流布罪に反対してきた経緯があり、加藤自身も言論を弾圧することに消極的だった。加藤内閣にとって日ソ基本条約第五条は、治安維持法から「宣伝」罪を排除するのに好都合だったといえる。

こうして見ると、「日ソ国交樹立」説は、治安維持法が「結社」取締法として成立した理由を説明するのに有効な説だといえよう。

「アメとムチ」説の再検討

治安維持法と普通選挙法の交換条件を疑う「アメとムチ」説は、一九二五(大正十四)年にもすでに指摘されている。当時、枢密院は侃々諤々《かんかんがくがく》の議論の末に普通選挙法案を可決したが、あわせて過激な思想に対しては有効な対策をとるよう政府に要求していた。

第二次山本内閣の司法大臣を務め、加藤内閣時には枢密顧問官となっていた平沼騏一郎は、「アメとムチ」説の代表格である。彼は司法省を去った後も省内に隠然たる力を及ぼし、司

表1　1924～25年に発生した主なテロ

発生時期	事件	容疑者
1924年7月9日	徳川家達貴族院議長の暗殺陰謀事件	水平運動家
9月1日	福田雅太郎陸軍大将の狙撃事件	無政府主義者
12月	加藤高明首相の暗殺未遂事件	普選賛成派
1925年2月15日	一木喜徳郎枢密院副議長邸の暴漢侵入事件	普選反対派
3月3日	加藤高明首相邸若槻礼次郎内相邸の暴漢侵入事件	治安維持法反対派
3月25日	鈴木喜三郎勅選議員邸の暴漢侵入事件	普選賛成派
3月	加藤高明首相の暗殺未遂事件	普選反対派

法官僚のメンタリティを体現していた。

一方で、若槻内相と内務省は、普通選挙法と治安維持法をあくまで別個の問題としていた。[18] また、憲政会で普通選挙法の旗振り役を務めた斎藤隆夫《さいとうたかお》は、「民意の伸張せらるる所に於て、危険思想なるものが発生する訳はない」と議会で主張している。[19] あくまで内務省と憲政会から見た場合、普通選挙と治安維持法を交換条件とする説は成立しないことになる。

ここで、加藤内閣では要人を標的とした事件が頻発したことに着目したい（表1）。

当時の東京市は、普通選挙法賛成運動、普通選挙法反対運動、治安維持法反対運動が入り乱れ、実力行使が横行していた。そして枢密院は、共産主義だけでなく暴力を嫌悪した。枢密顧問官の伊東巳代治《いとうみよじ》は、普選反対派の右翼が一《いち》木喜徳郎《きとくろう》枢密院副議長邸に侵入した事件に対して、枢密院に対する威嚇であると強く非難している。治安維持法案に反対する議員、識者、新聞も、共産主義の暴力主義革命については一様に否定していた。

このように、東京に漂う暴力主義は二つの法案をめぐって渾然《こんぜん》と混じり合い、普通選挙に危険なイメージをまとわせた。結果として枢密院は普通選挙法案に対する懸念を強め、「アメとムチ」の交換条件として治安維持法を要求したのではないだろうか。そして加藤内閣と憲政会も、普通選挙法の安全性を認めさせるために、治安維持法を受諾したのではないか。

2 起草と反対運動

司法省案、内務省案、法制局案

司法省に遅れて、内務省に治安維持法案起草の動きが見られるのは一九二四(大正十三)年十月末のことである。十一月下旬には司法省案が内務省へ回された[20]。

現存する司法省の草案は、いずれも結社罪を第一条に置いている。結社罪は厳密には、結社を組織した「組織罪」と、結社の実情を知りながら加入した「加入罪」に分かれている。ただし「宣伝」取り締まりを残そうとして、流布罪と流言浮説罪を設けていた(表2)。

また司法省案は、治安維持令と同じく、特定の目的を持つ者だけを罰する目的罪を採用している。ただし、目的事項は「朝憲紊乱」「安寧秩序紊乱」のように抽象的だった。

表２　治安維持法草案の比較

草案	目的事項	流布と流言浮説	結社罪の刑
司法省案	抽象的	流布、流言浮説	10年以下の懲役・禁錮
内務省対案	具体的　国体あり	流布	３年以上の有期懲役・禁錮
法制局対案	具体的　国体なし	煽動	３年以下の禁錮
内務・司法合同案	具体的　国体あり	煽動	10年以下の懲役・禁錮

一方、内務省が一九二四年秋頃に作成した「治安維持法理由書」は、取り締まる対象として「金品輸入調達」を筆頭に挙げている。[21]当初はコミンテルンから共産主義者への利益供与を警戒していたといえる。

内務省案も目的罪を採用したが、目的事項は司法省案に比べて具体的となっている。たとえば「朝憲紊乱」は、「国体を変壊し国家若《もし》くは国法を否認し又は邦土を僭窃《せんせつ》する」、「憲法に定むる政治の基本制度を不法手段に依《よ》り変壊する」という文言に置き換えられている。

また、内務省案は流言浮説罪を削除した。おそらくは治安警察法、出版法、新聞紙法との重複を避けるために、「宣伝」取り締まりの性格を少しでも除こうとしたのだろう。

そして司法省と内務省の交渉が長引くなか、仲介を図ったのが、法令の審査を担当する法制局である。二五年一月二十四日付の法制局案第一条は抜本的な修正を施したものだった。

第一条　罰金以上の刑を科せらるべき行為に依り憲法上の統治組織又は納税義務、兵役義務若《もし》くは私有財産権の制度を変革することを目的として結社を組織し又は情を知りて之《これ》に加入したる者は三年以下の禁錮に処す
前項の未遂罪は之を罰す[22]

「国体」の文言が除かれ、目的事項がより具体的となった。さらに、不特定多数に実行を説く流布罪を改め、特定の人物に対して実行を働きかける煽動罪に修正された。これは、一月二十日に締結した日ソ基本条約が宣伝を禁止した、という建前に則って、宣伝罪を連想させる流布罪を削除したのではないか。そして何より、刑罰を相当に軽減している。おそらく法制局は、加藤内閣の意向を汲《く》んで取り締まりを緩めようとしたと推測される。

この法制局案に対して、司法省と内務省は納得せず、二月上旬までに合同案を作成した。二つの省の合同案は、「国体」の文言を復活させ、刑罰を重くしている。ただし、目的事項の文言は法制局案とよく似ており、流布罪は煽動罪に修正された。内務省は合同案を作るにあたり、「今回宣伝は新聞紙法、出版法の取締に任せ」ることを確認している。[23]「宣伝」取締法の要素は完全に放棄されたのである。

法案の完成

こうして法案は完成するかに見えたが、今度は護憲三派の内部で混乱が生じた。一九二五（大正十四）年二月四日の衆議院予算委員会では、革新倶楽部の清瀬《きよせ》一郎《いちろう》が、枢密院が普通選挙法の交換条件として治安維持法を要求したのではないか、と「アメとムチ」説を追及した。

さらに同じ四日、司法大臣の横田《よこた》千之助《せんのすけ》（政友会）が急死し、同月六日の与党三派の交渉会は延期を余儀なくされた。

こうした混乱のなか、後任の法相には政友会の小川《おがわ》平吉《へいきち》が就任した。小川は長野県に生まれ、東京帝国大学を卒業して弁護士となり、後に衆議院議員となって政友会に入った。小川と若槻礼次郎内相は大学の同期であり、若槻は小川の弁舌を高く評価していた。小川は、虎ノ門事件を契機として左翼に対する危機感を抱いており、治安維持法案にも賛同していた。法相となった小川は、若槻と協力して省庁間の調整や与党の説得に奔走した。そして二月十八日、閣議は治安維持法案の議会提出を決定した（提出は十八日夕）。

治安維持法案は全七条と附則からなる。最も重要な第一条は次のとおりである。

第一条　国体若《もし》くは政体を変革し又は私有財産の制度を否認することを目的として結社を

組織し又は情を知りて之に加入したる者は十年以下の懲役又は禁錮に処す
前項の未遂罪は之を罰す

続く第二条で協議罪、第三条・第四条で煽動罪、第五条で利益供与罪を定めている。目的事項は合同案よりも抽象的なものとなり、「不法に」という文言も削除された。率直にいって、いったい何が違法にあたるのかわかりづらい条文である。

なお、外国の立法も参考に供されたようだ。ここで注目されるのは、ドイツの「共和擁護法」（一九二二）である。[24]

当時のドイツは共和国として民主化を進めるなか、右翼と左翼の暴力が横行しており、共和擁護法は一九二二年六月のラーテナウ外相暗殺事件をきっかけに制定された。同法には、「独逸《ドイツ》国若くは聯邦《れんぽう》の憲法により確立せられたる、共和政体を破壊せんとする目的を追行《ママ》する秘密若くは反国家的結合」を処罰する条項があった。もちろん治安維持法とは背景も内容も異なるが、実質的には共産党を想定した点は共通している。当時のデモクラシーの最先端を行ったドイツですら、反国家的な結社に対する取締法を持っていたことは記憶にとどめるべきだろう。

反対運動

「はじめに」で触れたように、清水幾太郎は、当時は普通選挙法に関心が集まり、治安維持法への関心は低かったという（主張①）。しかし、当時も反対運動は決して少なくはなかった。

まず、衆議院議員には（与党を含め）少ないながらも反対者がいた。特に革新俱楽部では与党の一員でありながら反対者が続出し、党を割りかねない状況になった。二月十九日、革新俱楽部の清瀬一郎、星島二郎《ほしじまにろう》、政友会の有馬頼寧《ありまよりやす》ら衆議院議員一三名は治安維持法案に反対する声明を発表した。彼らの批判は、議会を通じて合法的に「政体」を改革することを認めよ、という点だった。「取締の対象を拡大すると〝貴族院制度反対〟といっただけで引掛かるかのように思われたらしい、つまり下手をすると何もいえなくなるぞ――と心配したのだ」とは若槻内相の回顧である。[25] 特に政友会は貴族院改革を掲げていたから切実だった。

続いて、議会外の反対運動を確認しよう。[26] 運動は左派系の労働組合、日本労働組合関東地方評議会を発端として労働団体や農民組合に広まり、全国で集会やデモが行われた。

なかでも、二月十九日に東京市芝《しば》公園で開催された民衆大会では、会の途中で法案が衆議院に上程されたとの知らせが入り、議会を目指してデモを開始した参加者が警官隊と衝突した。参加者二七名が検束され、負傷者も出た。ただし、大会の主催者や弁士には日本共産党員も加わり、弁士の過激な言論で参加者がヒートアップしたという事情もあった。

言論界の反論

続いて、言論界の言説を見てみたい。

第一に、法案が言論、集会、結社の自由を制限する点である。法案から宣伝罪や流布罪は削除されたとはいえ、新聞や知識人は何よりも言論の自由が剝奪《はくだつ》されることを恐れた。『東京朝日新聞』社説は次のように述べている。

治安維持法の目的とする所は、恐らく国体を変改し、所謂《いわゆる》朝憲紊乱、社会組織を破壊するが如き過激運動を取締るにあるであろう。此点に於ては何人《なんぴと》も賛成し、直接反対するの理由を見出すことを得ないのであるが、之が取締りの実際は、全く人権蹂躙《じゅうりん》言論抑圧の結果となり、国民の思想生活は警察取締の対象となり、集会結社の自由は無きに至るのである。[27]

第二に、法案が合法的な手段による改革までも処罰しかねない点である。

戦後の首相として知られる石橋湛山は、当時『東洋経済新報』の政治外交記事を担当していた。石橋いわく、立憲政体も私有財産制度も、日本に定着したのは明治維新の後の数十年にすぎないのだから、より良い制度が発明されれば変更しても悪いことはない。不法な手段によって変更しない限り、共産主義や無政府主義を主張する自由だけは保留しておきたい。[28]

第三に、穏健な社会主義や社会民主主義にまで拡大適用されかねない点である。

森戸事件で東大を去った大原社会問題研究所の森戸辰男は、この法が無政府主義、共産主義以外の社会運動を禁圧する恐れはないといえるだろうか、と疑問を呈した。[29] 議会政治に則った社会民主主義まで拡大適用されるという懸念は、のちに的中することになる。

このように言論界の批判は少なくなく、新聞も法案に関する記事を連日のように掲載した。ただし、過激社会運動取締法案と比べて宣伝罪が存在しないこともあって、言論側の批判は徹底抗戦を避けるところがあった。

ともあれ、舞台はいよいよ帝国議会での審議に移ったのである。

3　審議

衆議院の争点

治安維持法案は一九二五（大正十四）年二月十九日、第五〇議会の衆議院に緊急上程され、早速二月二十日の衆議院本会議にかけられた。

まず若槻内相が趣旨説明にあたった。若槻いわく、近年は無政府主義者、共産主義者の運動が盛んになり、その一部は外国や朝鮮の同志と通謀して過激な運動を計画している。またソ連との国交回復に伴い、両国の往来が増えれば、不穏な運動も増加する恐れがある。しかし、従来の治安警察法、新聞紙法、出版法では、罰則が不十分である。

若槻は、「もともと治安維持法は、私が考え出したものでも、政党が問題にしていたものでもなく、以前から内務省内の宿題であった」と回顧している。[30] 彼はリーダーシップに乏しいが、既定の問題を処理することに長《た》けていた。若槻の役割は、内務省の意見を集約し、司法省と調整し、与党を説得し、議会に説明することだった。

一人目の質問者である星島二郎は、①法案は言論・出版の自由を侵害しないか、②枢密院や貴族院からの圧力はなかったのか、③「国体変革」「政体変革」「私有財産制度否認」の定義、④煽動罪は「宣伝」取り締まりに濫用されないか、を質問した。

若槻内相は、①について、「言論文章の自由」を尊重すること、最も害のあるものだけを取り締まることを特に繰り返している。また②については、外部の圧力はなかったという回答で押し通した。④については、宣伝の取り締まりは他の法律に任せることを言明している。以上の若槻の答弁は政府の公式見解となった。小川平吉法相の発言はしばしば若槻の枠を逸脱したものの、山岡万之助刑事局長や川崎卓吉《かわさきたくきち》警保局長はそのたびにフォローしている。

最後に③について、若槻は「国体・政体変革」＝無政府主義、「私有財産制度否認」＝共産主義といぅシンプルな定義を示し、これらの実行を目的とする者のみを制裁すると説明した。しかし、二月二十三日からの衆議院特別委員会はこれでは収まらなかった。

国体とは何か

その後の運用を考えると、治安維持法案の最も重要な争点は国体の定義である。この二文字は、治安維持法に「悪法」のイメージをまとわせてきた。

そもそも、国体とは何だろうか。まず思い浮かぶのは、万世一系の皇統（天皇の血統）が継承され、天皇が政《まつりごと》を統《す》べるという、皇国史観的な国体論である。

ただし、明治初年には、国体は国の名誉・体面や、国家の統治制度（「政体」）の意味で用いられることが多かった。[31] また、福沢諭吉《ふくざわゆきち》『文明論之概略』（一八七五）は、他国から独立して政府を建て、国民が自ら支配を行うことを、国体＝「ナショナリチ」（natinality）と呼んでいる。福沢はイギリスの思想家ミルを参照して、国民国家（nation states）としての意義を国体に見出したのである。福沢の国体論は一般的とは言いがたかったが、天皇と離れて国体を論じる余地は十分にあったといえる。

その後、一八八九（明治二十二）年公布の明治憲法によって天皇と国体は不可分に結びついた。

明治憲法には国体の文字は一回も出てこない。ただし、伊藤博文の注釈書『憲法義解《ぎかい》』(一八八九)は、「固有の国体」について、「恭《つつしみ》て按《あん》ずるに、天皇の宝祚《ほうそ》は之を祖宗《そそう》に承《う》け、之を子孫に伝う。国家統治権の存する所なり」と説明している。

明治憲法は第一条で「大日本帝国は万世一系の天皇之を統治す」、第四条で「天皇は国の元首にして統治権を総攬《そうらん》し此の憲法の条規に依《よ》り之を行う」と定めている。これに従えば国体とは、統治権の所在が天皇にあり、天皇が統治権を総攬することを意味するだろう。

一方、一八九〇年の教育勅語は、代々の天皇と臣民が徳目を守り、実践してきたことを、「国体の精華」として讃えている。ここでは国体とは道徳的な共同体を意味する。

この二重の国体は、二元説(可分説)と一元説(不可分説)の論争を招いた。通説である二元説は、統治権の所在の「国体」と、統治権を行使する形式の「政体」を分ける説である。一方、憲法学者で東大教授の美濃部《みのべ》達吉《たつきち》は、統治権は国家にあり、その所在と形式は不可分であるという一元論を唱えている。美濃部は「国体」を法律用語として用いず、「政体」で統一している。

それでは、治安維持法案における国体とは何を意味したのだろうか。

内務省も司法省も起草段階では、万世一系の皇統という歴史的な意味を強調していた。ただし議会の政府答弁は、あくまで憲法第一条にもとづく統治権の所在として国体を論じた。議員と政府の双方に、国体をタブー視する空気があったことは否めない。

そんななか、山口政二《やまぐちまさじ》（政友会）は、「国体変革」を企図するような国民は一人としていないのではないか、という鋭い質問を放った。[32] 山岡万之助はこれに対し、国民は「国体変革」を想像することさえできないし、政府も現実に「国体変革」が起こると予想するわけではない、と回答している。

山口が質問したように、当時の日本には果たして「国体変革」が起こる可能性はあったのか。たとえば小川法相は、二月革命から十月革命に至ったロシア革命のように、君主制の廃止から労農独裁政権の樹立への移行を警戒した。内務省もこの「無政府共産主義」を想定していた。[33] しかし、当時は無政府主義の退潮が著しく、日本共産党は再建の途についたばかりであった。国体変革を目的とする結社は皆無であったといわざるをえない。

政体と私有財産制度

さて、衆議院で最も活発な議論が行われたのは、政体と私有財産制度の定義である。

政体は、内務省が「朝憲」に代わる文言として、国体とセットで検討していた。二元説に立てば、政体とは、統治権を行使する立法、行政、司法の三権（議会、内閣、裁判所）を指す。

用例としては出版法第二六条「政体を変壊し国憲を紊乱せむとする」、新聞紙法第四二条「皇室の尊厳を冒瀆《ぼうとく》し又は政体を変改し」がある。また外国法の翻訳では、ドイツの共和擁護法（一九二二）に「共和政体」が確認できる。

しかし、内務省は、治安維持法案の政体を「代議政体」、とりわけ「民選議院」すなわち衆議院に限定している。興味深いことに、小川法相はこの解釈を徹底している。これは、政友会の貴族院改革を適用外とする意図もあったのだろう。「政体変革」条項には、議会政治を保護し、衆議院を尊重する一面があった。

続いては私有財産制度の否認である。政府は、国有化政策は該当しないと説明したが、清瀬一郎は、欧米の学者や労働党の政策政綱を挙げて、社会主義的な政策がどこまで合法と認められるかを明らかにしようとした。しかし、山岡が統一的な基準を示すことはついになかった。

なお、憲法改正を主張することは果たして可能か、という問題がある。明治憲法では、憲法改正の発議は天皇大権であり、議会が憲法を改正することはできない。しかし、議院法によれば、帝国議会の議員は三〇人以上の賛同者を得て、天皇に意見を具申する上奏を動議することができた。したがって、憲法改正を名目として「政体変革」や「私有財産制度否認」（憲法第二七条の所有権規定の廃止）を上奏することも理論上は可能だった（ただし、天皇の統治権を否定する「国体変革」は不可能だった）。

この説に対して山岡は、議員の職務行為の上奏は適法としたものの、議会の外で政党が上奏を準備することは違反であるとの解釈を示した。しかし、特別委員長の前田米蔵《まえだよねぞう》（政友会）は、院外で上奏案を起草することは議員の職務の範囲である、と反論した。星島二郎も「今日の議会政治を肯定する以上は、政党政治を肯定しなければならぬ」と訴えた[34]。

そして清瀬一郎は、「政体」を削除するよう主張した。清瀬は、議員の立法権を広く認めることこそが「立憲政治の趣意」である、政府は言葉の上では衆議院を尊重しつつ議院の立法権、代議士の活動、政党の結社を制限しようとしている、と批判したのである[35]。このように衆議院では与党の護憲三派から異論が飛び出す異例の事態となった。

治安維持法の成立

衆議院特別委員を説得するため、若槻と小川は非公式の懇談会を開いた。委員たちの主張は、「この法文では、共産主義と新聞の自由な意見とが混同され易《やす》いからいかん」というものだった。若槻は「政体」を削除することを提案して合意に至ったという[36]。若槻は別の回顧では、貴族院改革と抵触するのではないか、という批判があったとしている[37]。言論の自由を制限することと、議員の政治活動を制約することがネックだったのである。

三月五日、加藤内閣は、法案第一条の「若は政体」を削除して与党三派の承認を得た。六日の第七回特別委員会では清瀬が「私有財産制度否認」に最後まで反対したが、「政体」を削除した修正案が可決された。そして三月七日の衆議院本会議では、反対一八名（革新倶楽部五、中正倶楽部六、実業同志会四、無所属三）を出したが、法案は可決された。憲政会七名と政友会三名は棄権して事実上の反対を表明した。なお、野党の政友本党は賛成した。

三月十一日、治安維持法案は貴族院へ回付された。過激社会運動取締法案の時と異なり、貴族院は特に反対しなかった。最大会派の研究会は貴族院改革の交渉を通じて憲政会と提携の糸口を摑もうとしており、摩擦を避けたと思われる。

貴族院でも小川はやはり政府の公式見解を逸脱し、大学の研究団体を禁止すべきだなどと発言している（山岡のフォローが入った）。なお、ある貴族院議員は、「政体」を削除したことで「君主専制」を掲げる反動勢力が将来出現するのではないか、と懸念している。[38] 三月十九日の貴族院本会議では、徳川義親《とくがわよしちか》が一人反対意見を述べたものの法案は可決された。

こうして治安維持法は、四月二十二日に公布された（全文は巻末の関係法令文を参照）。それに伴い、治安維持令は廃止された。なお、治安警察法は存続し、結社を禁止するために用いられた。以後、治安警察法は、共産党を支援する団体（外郭団体）を禁止し、共産党の支持基盤を断つことで、治安維持法と補い合いながらその真価を発揮する。同じく出版法と新聞紙法も、出版物を取り締まることに変わりはなかった。

護憲三派内閣と治安維持法

以上、本章では治安維持法の成立過程を見てきた。

加藤高明内閣は、内務省、司法省、政友会、憲政会が一堂に会した政権だった。そしてこの連立内閣という状態は、治安維持法が「結社」取締法として成立する重要な要因となった。繰り返すように、治安維持法が一九二五（大正十四）年に成立した背景には普通選挙法と日ソ基本条約があった。「アメとムチ」説と「日ソ国交樹立」説は一面において正しい。ただし、治安維持法を起草する過程では、思想の紊乱を憂慮する司法省と、コミンテルンと日本共産党の関係を警戒する内務省のそれぞれの思惑があり、法案の形態はぎりぎりまで紆余曲折した。

憲政会と政友会の連立は、議会の多数派を確保するだけでなく、対立しがちな司法省と内務省の関係をとりもつためにも有効だった。すなわち、若槻内相と小川法相は、省と党の垣根を超えて意見を調整し、議会を説得して治安維持法の成立に寄与したのである。

治安維持法が「宣伝」取締法ではなく「結社」取締法として成立したことには、言論の自由を重視する憲政会の意向が反映されていた。また、加藤首相の肝いりで日ソ基本条約に宣伝禁止条項が設けられたことは、治安維持法から「宣伝」取り締まりの要素を抜き去ることにつながった。このことは、憲政会が優位な連立政権ならではの産物であった。

そして、連立政権の一角を占めた革新倶楽部は、政体の文言を削除することに成功した。彼らは法によって議会制度を保護するよりも、法に縛られず政治活動の自由を確保することを選んだのである。しかしこのことは後に政党にとって逆風となった。

治安維持法の成立は、政界の再編にも一定の影響を及ぼした。第五〇議会が閉会すると、政友会では倒閣に向けた動きが活発化する。一九二五年四月、高橋に代わって陸軍大将の田《た》中義一《なかぎいち》が政友会総裁になる。以後、小川平吉は倒閣工作と政友本党との合同を図ることになる。同年六月、小川は、「三派聯立内閣成立の使命は、政党内閣制の確立を以て尽きたりともいうべく、特に普選法、治安維持法は通過し、貴族院の改革も行われたる以上は、憲政の常態に復する至当とすべし」として加藤内閣からの離脱を決意している[39]。普通選挙法と治安維持法は、憲政会と政友会の協力なくして成立は難しかった。二つの法律が成立した以上、小川に連立政権への未練はなかったと思われる。政友会は八月に加藤内閣から離脱を表明した。なお、革新倶楽部の犬養毅らは五月に政友会に入ったが、治安維持法案に反対した清瀬一郎たちは別に新正倶楽部を結成している。

最後に、治安維持法の成立時における問題点を指摘しておきたい。

第一に、文言はあまりに漠然としていた。確かに、起草者は文言の意味を限定しようとしたが、解釈は容易に書き換えられ、「国体変革」は融通無碍《むげ》に拡大適用された。

第二に、暴力や不法行為の実態がなくとも処罰の対象となることは、結社の自由な活動を萎縮《いしゅく》させた。これは、学問や研究活動の領域にも治安維持法が及ぶことを意味した。

第三に、そもそも治安維持法が成立した時点で、「国体変革」を目的とする結社は存在しなかった。そればかりではない。結社罪はすぐに深刻な欠陥を晒《さら》した。その結果、治安維持法は次第に、本来は対象外の宣伝へと適用を広げたのである。

第3章　迷走する「結社」取り締まり

本章では、加藤高明内閣で「結社」取締法として成立した治安維持法が、その建前と現実とのギャップに迷走し、限界を露呈するまでを次の三点に着目して見ていく。

一つ目は共産主義の宣伝、いわゆる「赤化宣伝」である。日ソの国交が回復して後、両国間の往来が増え、ソ連から共産主義が流入することが予想された。第2章で述べたように、加藤内閣は日ソ基本条約第五条（「宣伝禁止条項」）によって宣伝を防ごうとしたが、第五条の実効性は未知数であり、外務省は治安維持法に期待していた。ところが、肝心の治安維持法は、「宣伝」罪を排除して成立したのである。

二つ目は社会科学研究会（社研）である。社研は、社会主義思想の研究を目的として組織された学生団体である。国内で治安維持法が初めて適用されたのは、この社研を対象とした京都学連事件だった。とはいえ、京都学連事件では結社罪が適用されたわけではない。治安維持法は初めての適用から、「結社」取締法としての存在意義に疑問符がついたことになる。

三つ目は日本共産党である。一九二五（大正十四）年一月に再建を決定した共産党は、紆余曲折を経て「国体変革」を目的とする結社となった。一方、共産党の再建を察知した警保局は、全国規模の一斉検挙を計画した。これが一九二八（昭和三）年三月の三・一五事件だが、事件によって治安維持法は「結社」取締法としての重大な欠陥に直面することになる。

以上を踏まえて、本章はまず治安維持法が施行されたところから話を始めたい。

1 「赤化宣伝」

五つの選択肢

治安維持法は一九二五（大正十四）年五月十二日から施行された。当初は司法省も内務省も、法律の適用には慎重を期すこと、狭く適用することを指示している[1]。

当時は日本共産党が再建の途について間もない時期であり、内務省も党再建の情報を摑んでいなかった。ゆえに、内務省が当面の課題としたのは、国内の共産党よりも、コミンテルンや共産主義者による「赤化宣伝」だった。

もっとも、治安維持法はその性質上、「赤化宣伝」を取り締まるには不向きだった。治安維持法は第二条で協議罪を、第三条で煽動罪を設けたが、これらはいずれも特定の人間に対する行為を罰するものであり、不特定多数に思想を広める宣伝行為には適用できない。したがって協議罪や煽動罪が出る幕も限られる。

治安維持法が使えないなか、内務省警保局は一九二五年六月、過激思想宣伝取締内規を制定し、「赤化宣伝」を行う疑いのある者に対する発見に努めた。警保局が警戒していたのが、コミンテルンとソ連関係者だった。

一、左に掲ぐる外国人、内地人〔本国の日本人のこと〕及朝鮮人の発見に努め其の行動に付《つき》厳重注意し可成《なるべく》其の写真及手跡《しゅせき》を入手し内務省に送付すべし

イ、露国共産党若《もしく》は第三インターナショナルに属するもの又は其の疑ありと認めらるるもの（本項該当者中露国人、露国系外国人及猶太《ユダヤ》人に対しては特に注意すること）

ロ、露国関係者（貿易業者、ブローカー、露国人に特に親交ある者及対露諸問題に奔走する者等）にして容疑の言動あるもの[2]

コミンテルンの本部はモスクワにあり、ソ連共産党員が組織の中枢を占めていたから、ソ連政府と密接な関係にあることは公然の事実だった。外務省も両者の関係は確信していたものの、ソ連の国内でコミンテルンが存在することは黙認した。

警保局はまた、ソ連への渡航者、ソ連からの帰国者や入国者にも警戒を怠らなかった。内規は、「露国に渡航せんとする内地人及朝鮮人にして過激社会運動（民族独立運動を含む）を為す目的を有し若は其の疑著しきもの」については、渡航を阻止するよう指示している。

こうした監視を含めて、当時の政府には「赤化宣伝」対策として次の五つの選択肢が考えられた。

①ソ連からの渡航者や帰国者の行動を監視し、ソ連への入国を制限する。（内規の励行）
②日ソ基本条約第五条の「宣伝禁止条項」を利用してソ連に宣伝をやめさせる。
③出版法を改正して宣伝の取り締まりを強化する。
④治安維持法の協議罪・煽動罪を適用する。
⑤治安維持法を改正して宣伝を処罰できるようにする。

結論を先取りすれば、憲政会の加藤高明内閣と、続く第一次若槻礼次郎内閣は①と②を重視したが、効果が得られず④の京都学連事件に至った。また、憲政会から政権を奪った政友会の田中義一内閣は、①と③を推進したが、三・一五事件で治安維持法の欠陥が浮き彫りとなり、⑤に至った。つまり、政党内閣はともに治安維持法の安易な適用を避けようとしたものの、結局は行き詰まり、治安維持法に頼る結果となったのである。

宣伝禁止条項の実態

日ソ基本条約第五条は、政府の命令を受けた人間と政府から財政支援を受けた団体が、日ソ両国で安寧秩序を紊乱することを禁止したものである。ただし、コミンテルンについては、右でも述べたようにソ連国内にあることは黙認状態だった。

一方、治安維持法が成立したことで、コミンテルンは日本国内では非合法扱いとなった。また治安維持法は、施行区域外（国外）で違反行為を行った者も処罰の対象となった（第七条）。来日したコミンテルン党員には結社罪を適用できた。

条約第五条の実効性が問題となったのは、二五年九月の全ロシア労働組合代表団の来日である。これは、日本労働組合関東評議会の招待を受けてのものであり、一行の代表を務めたのは、全露鉄工組合議長、ロシア中央職業同盟執行委員長のレプセである。

代表団来日の知らせを受けて、川崎卓吉警保局長は外務省に働きかけてこれを阻止しようとした。[3]実は川崎は二五年六月、海外に駐在する内務事務官が「赤化取締上」好ましくないと認めた外国人には旅券と査証を与えないよう、外務省に要請していた。[4]しかし、すでに駐華公使の芳沢謙吉が代表団に査証を与えており、後の祭りだった。

レプセ一行は九月二十日に下関に到着し、東京、大阪、神戸の労働組合を視察して二十八日に出国した。代表団の滞在中、警察は一行を監視し、接触を図った日本人を検束した。十月五日、ソ連大使のコップは警察の対応について幣原喜重郎外相に抗議し、幣原が遺憾の意を示す事態となった。[5]

面子《メンツ》を潰《つぶ》された警保局は反撃に出た。十月十日、外務省欧米局に対して、全ロシア労働組合は条約第五条で規制されるべき団体と認められる、と主張したのである。さらに十一月十日、若槻内相は、来日中にレプセが行った挨拶《あいさつ》を問題視し、「現下の我国家組織の変革を煽動する違法行為と認めらるる節《ふし》これ有り。国際共産主義宣伝防止上、その取締を痛切に感じ居る次第にこれ有り候」と幣原外相に強く申し入れた。[6]

しかし、十二月三日の広田弘毅欧米局長の回答は、全ロシア労働組合にはソ連政府の重要な位置を占める者がいるものの、政府の任務にあるとは断定できず、条約第五条に該当するとは言いがたいと結論した。もともと、幣原外交はイデオロギー色が薄く、ソ連とは実利を重視して協調を図る傾向があった。ソ連との条約で宣伝を防ぐという加藤高明の構想は、実は幣原外交には馴染《なじ》まないものだった。こうして「宣伝禁止条項」は締結から一年を待たずに形骸《けいがい》化し、同じ頃には、内務省と司法省は治安維持法適用への道を開こうとしたのである。

2　京都学連事件

社会科学研究会

京都学連事件についてはすでに詳細な先行研究が行われている。[7] ここではそれらに依拠しながら、内務省と司法省に着目して経過を見ていこう。

戦前の左翼系の学生運動は、一九一八（大正七）年の東京帝国大学の新人会と、その翌年に結成された早稲田大学の建設者同盟を先駆とする。新人会は東大教授の吉野作造《よしのさくぞう》の門下がデモクラシーを掲げて発足させた団体だが、赤松克麿《あかまつかつまろ》のように共産党に入党する者もいた。建設者同盟にも佐野学の影響を受けて共産党に入党する学生がいた。

一九二〇年代になると、全国の大学や高校で社会科学研究会（社研）が組織された。二二年十一月には社研の全国組織として学生連合会が成立した（一九二四年九月、学生社会科学連合会に改称）。京都学連事件の舞台となった京都帝国大学では、二三年に社研の前身となる伍民会《ごみんかい》が発足し、二四年には社会科学研究会に改称した。

社研は研究だけでなく実践運動へも活動を広げていった。一つは、現役将校の学校配属制度に対する軍事教育反対運動である。もう一つは、二四年十一月の全国高等学校長会議が高校の社研の解散を決定したことに対する反対運動だった。高校社研の解散に対しては、吉野作造も強く批判していた。[8] さらに、二五年七月に京都大学で行われた学連第二回全国大会は、マルクス・レーニン主義をテーゼに採択する。このことは、社研が「労農階級独裁」を理想とした実践運動へと踏み出すことを意味した。

さて、京都学連事件の伏線となるのが、二五年九月のレプセ事件である。これは、先のレプセ一行が来日した際、京都府警察が労働組合地方協議会の幹部を検束したことを受けて、京大社研メンバーがレプセに列車内で書信を渡した事件である。

このレプセ事件があって後、京都府特高課は京大社研に対する警戒を強めた。京都府特高課長の久保《くぼ》田畯《たたおさ》は一九二一年内務省に入り、二三年には愛知県特高課長としてLP結社を検挙している。府県の特高課長は内務省が直接人事を差配し、エリートと目されていた。久保田は職務に熱心だったが、京大に対しては何かと威圧的だった。レプセ事件では面子を潰されたとの感情もあっただろう。

一方、京大社研は二五年十月に「プロレットカルトに関するテーゼ」を採択してマルクス・レーニン主義を鮮明にした。プロレットカルト（プロカル運動）とは、無産階級に対してマルクス理論を教育する啓蒙《けいもう》運動である。当時の社研の学生は、福本和夫《ふくもとかずお》の前衛的なマルクス理論（福本イズム）に感化され、理論闘争にはまっていった。著名なマルクス主義者だった京大教授の河上肇《かわかみはじめ》も、福本イズムに染まった学生から糾弾を受けるまでになった。京大社研は、一九二五年十月にはきわめて左傾化していたのである。

内務省と司法省の視線

一九二五年十一月七日、松村義一《まつむらぎいち》警保局長は、ソ連から帰国した共産主義者と共産主義系の労働組合員を、治安維持法の「協議」「利益供与」違反で取り調べること、その際は「検事に於ては本件に関する事件は多少物的証拠に欠くるところあるも可成《なるべく》起訴の手続を執ること」を、立石謙輔《たていしけんすけ》司法省刑事局長に照会している。[9]

警保局が強硬な態度を示したのは、ソ連に渡航する共産主義者が目立ったためである。十一月には、ソ連の労働組合に招待された日本労働組合評議会が、密《ひそ》かにモスクワに代表を派遣している。警保局は、共産主義者が帰国後に「赤化宣伝」を行うことを恐れていた。もっとも、立石の回答は、犯罪の心証のない限り不起訴とするという冷淡なものだった。[10]

立石は司法官僚として適正な法の執行を主張したといえるが、これは司法省の問題意識とも関係している。実は司法省は当初から、国内団体に注目していた。立石は十一月二十六日の控訴院長・検事長協議会において、無産政党、日本無産青年同盟、社研と日本共産党の関係について、治安維持法違反の事実があれば報告するよう覚書を提出している。[11]

要するに、内務省はソ連、司法省は国内団体と、両者の視線の先は異なり、治安維持法の運用をめぐって齟齬《そご》を生じていた。そう考えると、先に見たレプセ事件の意味は重い。すなわち、京都府特高課が内務本省の指示に従い、ソ連とのつながりから社研を警戒したところ、もともと社研を注視していた司法省の関心を惹きつけたのである。

一斉検束

二五年十一月十五日、同志社大学で軍事教育に反対するビラが発見された。捜査の過程で、学生から不穏な出版物を押収した京都府特高課は、出版物が「国体を変革し朝憲を紊乱する虞《おそれ》」があること、社研が不穏な計画を画策している疑いがあること、ビラが一般にも頒布される恐れがあることを理由に、京都地裁検事局検事正と協議した上で社研の一斉捜索を決定した。[12] 京都学連事件の幕開きである。

十二月一日、特高課は京大社研と同志社大社研を家宅捜索し、三七名を行政執行法により行政検束した。行政検束は令状の必要がなく、別件捜査の常套《じょうとう》手段に用いられたものである。

もっとも、捜査はさしたる成果もなく、学生は十二月七日までに全員解放された。この強引な検束に対して、社研や学連はもちろん、京大の教授たちも連名で抗議の意見書を提出した。地元京都の新聞も特高課を批判した。

ただ、当時の内務省の幹部たちは検挙に消極的だった、という説がある。川崎卓吉内務次官は、「前途ある学生の将来を阻んではという親心もあり、それに指導の方針如何《いかん》によっては転向させることもできる」として、検挙を待つよう久保田に指示していたという。

一方、司法省と大阪控訴院検事局ははじめから検挙に積極的だった。理由として、特高課の勇み足を隠すために、検察が新たなアイディアとして治安維持法の適用を提案したという説と、[13]特高課と検事局で事前の打ち合わせがあったという説がある。[14]

京都府特高課は一斉検束についても検事局と協議していたから、やはり両者の意思疎通はあったと考えられる。十二月二十日、京都地裁検事局は出版法違反容疑で社研メンバーを検挙する方針を確定した。[15]さらに特高課は十二月三十日、三六名を出版法違反容疑で検事局に送致すると同時に、治安維持法違反容疑としても報告書を提出したという。[16]治安維持法の初の適用は、検察と警察の現場の共同作業として行われたのである。

一九二六年一月十五日、京都地裁検事局は京大、同志社大などの社研を一斉に捜索し、三八名を検挙した。新聞の記事は差し止められた。

検挙に対して、内務省は複雑な思いを抱いていたようだ。警保局保安課は「英吉利《イギリス》共産党幹部検挙事件概要」という議会資料を作成している。[17]この事件は、ロンドン警視庁が一九二五年十月に共産党本部を捜索し、党幹部一二名が治安攪乱《かくらん》の共謀罪で有罪となったものである。確かに学連事件と似ているが、そもそもイギリスには共産党を取り締まる治安維持法のような法律はなかった。また事件では、ロンドン警視庁の秘密捜査が露見して世論の批判を浴びていた。

二六年一月二十六日、学連事件の予審が始まった。予審とは、検察が起訴した被疑者について予審判事が取り調べを行い、公判に移すか否かを決定する手続きである。予審判事の取り調べは検察の主張に沿って行われるのが常だった。

検察の筋書きは、社研メンバーはマルクス・レーニン主義を抱懐しており、無産大衆を組織して革命運動を起こし共産主義社会を建設しようとした、というものだった。ただし、二六年九月十五日、予審は被告人三八名全員を治安維持法「協議」罪違反で公判に付すことを決定している（ほか出版法違反七名、不敬罪一名）。検察は「結社」罪の適用をこの時点で断念したのである。

京都学連事件の公判は一九二七年四月四日に始まり、初の治安維持法違反事件として世間の注目を集めた。被告人たちは社研の活動が合法であることを一貫して主張したが、自分たちが「マルキスト」「レーニスト」であることは率直に認めた。吉野作造は、「学生側の弁明には、自分達のやって居る所を正直に告白し之が何で悪いかとも少し大きく出る態度があっても然るべきだと思う」[18]と感想を述べている。思想犯が破廉恥《はれんち》な国賊と見なされた後年に比べて、この時はまだ被告人の名誉は保たれていた。

弁護人には、後に治安維持法違反事件に関わる錚々《そうそう》たるメンバーが名を連ねた。弁護人の一人であり、衆議院議員として治安維持法の制定に反対した清瀬一郎は、次のように論陣を張った。治安維持法の「私有財産制度否認」は暴力的な手段をとろうとした場合にのみ適用されるべきである。また、そもそも社研は「国体変革」も「私有財産制度否認」も目的としていない。一方、社研メンバーとも面識のあった水谷長三郎《みずたにちょうざぶろう》は、被告人には私有財産制度否認を実現する能力がないという不能犯を主張している[19]。

二七年五月三十日の第一審判決は、被告人三七名全員（一名は病気を理由に棄却）を治安維持法第二条の「私有財産制度否認」を目的とした「協議」罪違反で有罪とした。「国体変革」は認定されず、公訴事実の多くは否定された。刑は禁錮一年が最高であり、禁錮八ヵ月の一五名には執行猶予がつくなど、比較的寛大だったといえる。被告人と検察の双方が控訴している。

実のところ、社研のメンバーのなかには、共産党再建を目指すコミュニスト・グループと通じる者がいた。また、保釈中の被告人からは共産党に加入する者が続出した。日本共産党を対象とした一九二八年の三・一五事件と二九年の四・一六事件では、学連事件の被告人から二三名が検挙されている。とはいえ、社研メンバーの多くは共産党とは無関係であり、社研を治安維持法違反の結社と認定することは不可能だった。最初の事件で治安維持法は、「結社」取締法としては機能しなかったのである。

無産政党の結成

本節の最後に、大正期の無産政党運動について触れておきたい。

無産政党とは、労働者や小作人の支持を調達し、議会を通じて無産階級の要求を実現しようとする政党であり、政策はおのずと社会主義的な傾向を持つ。

加藤高明内閣の成立によって男子普通選挙が現実味を帯びると、無産階級と左翼知識人の間には無産政党を結成する気運が高まった。二五年六月、日本農民組合の呼びかけで無産政党組織準備委員会が発足している。もっとも、委員会は左派と右派に分かれ、日本共産党のコミュニスト・グループは左派に潜入して運動をリードしようとした。

無産政党の結党が迫るなか、内務省としては即日禁止を避けたかったようだ。若槻礼次郎内相は十一月二十一日の閣議で、共産主義を連想させる綱領を撤回するか修正するよう警告し、応じない場合に禁止することを提案している。[20]しかし、十一月二十四日の閣議は、無産政党を即日禁止することに決定した。二十九日には右派の日本労働総同盟が脱退し、無産政党は左傾化が予想された。

十二月一日、農民労働党（農労党）は、危険な綱領を削除した上で結党を宣言した。しかし内務省は、関係者に共産主義者がいる上、綱領になくとも共産主義の遂行を目的にしているはずだとして、農労党を即日禁止した。[21]警保局保安課はもっと露骨に、農労党に「我国体並に社会経済制度の根本と相容れざる共産主義[22]」を見出している。このように共産主義と国体変革を結びつける姿勢は、学連事件での京都府特高課とよく似ていた。

二六年三月五日、農労党から左派を排除して、合法的手段を掲げる労働農民党（労農党）が結成された。しかしこの大同団結は長く続かず、総同盟系と右派が再び脱退して十二月五日に社会民衆党を結成した。十二月九日には中間派が日本労農党を結成し、無産政党は三党鼎立《ていりつ》の時代を迎える。

なお二六年三月の第五一議会では、第一次若槻内閣の提案によって、ストライキを事実上規制していた治安警察法第一七条が廃止されている[23]（ただし同じ議会では、第一七条に替わるように、集団的な暴行・脅迫等を処罰する暴力行為等処罰法が成立した）。憲政会が長年懸案としていた労働組合を公認する労働組合法案は提出を見送られたが、足枷《あしかせ》が外れたことで労働組合運動は一歩前進したといえる。

3　三・一五事件

田中義一内閣の不評

一九二七（昭和二）年四月二十日、憲政会の第一次若槻内閣に替わり、政友会総裁の田中義一を首班とする田中内閣が発足した。政党から政党への政権交代は憲政史上初めてのことである。

田中内閣は、金融恐慌を収拾し、不戦条約（一九二八）を締結するなど見るべき成果もある。ただし、後世の評価は芳しくない。

一つは、対中国外交である。田中は、蔣介石《しょうかいせき》政権の北伐《ほくばつ》に際して、居留民保護を名目に山《さん》東《とう》半島へ軍隊を派遣した（山東出兵）。さらに二八年六月に関東軍が起こした張作霖《ちょうさくりん》爆殺事件では、田中は厳正な処分を行えなかった。「田中上奏文」なる偽書が作られるほどに、田中内閣は中国侵略の出発点として語られるようになる。

治安維持法との関連では、まず鈴木喜三郎内相が世間の不興を買った。司法官僚出身の鈴木は、やはり司法官僚の山岡万之助を警保局長に抜擢する。特高警察を管轄する警保局保安課長にも検事出身の南波《なんば》杢三郎《もくさぶろう》が任命されている。さらに、鈴木と山岡は地方官人事で内務省の慣行を無視して、世論の批判を浴びた。

田中内閣の評価を一層厳しいものとするのが、二度の日本共産党の検挙、特高警察の拡充、そして治安維持法の改正に象徴される共産党対策であり、その理由として司法官僚の内務省支配を挙げる説がある。[24]しかし、あらためて検証すると、田中内閣の共産党対策は、必ずしも司法官僚の意思が貫徹されたわけではなかったことが判明する。

出版警察の実態

田中内閣が成立した一九二七年は、出版物の発行が増加する初期の時代にあたる。二七年の単行本の納本数は六万本、新聞・雑誌は八〇〇〇種を超えている。

出版業界の成長とともに、内務省も出版物の取り締まりを課題とすることになる。田中内閣が発足した二七年四月から八月にかけて、「安寧秩序紊乱」を理由として発売頒布を禁止された新聞は五八件あったが、このうち、具体的な理由を示さない「安寧の紊乱」が二〇件もあった。[25] 発売を禁止されれば商品価値を失うから、文学者や出版社は理由を明示しない処分に抗議するようになる。内務省は禁止の基準を明確化して、出版業を保護することをも課題としていた。

さて、二七年時点で、全国の出版警察を管理する警保局図書課の陣容は、課長一名、事務官一名、属官六名、嘱託・雇《やとい》一七名の二四名だった。発売禁止の手順は、まず属官が出版物を確認して、禁止を相当とする箇所を指摘する。次に、図書課長が属官の指摘した箇所を確認した上で、警保局長に発売禁止を具申し、警保局長が決裁する。最後に、内務大臣が許可して、正式に発売禁止が決定する。後は全国の警察が出版物を差し押さえた。図書課長は全てを見る余裕はないので、だいたい属官の言うとおりになった。[26] また田中政権下で図書課長を務めた土屋正三《つちやしょうぞう》によれば、山岡が無理を押し通すことはほとんどなかった。[27]

一方、山岡は、出版社が原稿を持ち込んで図書課にチェックを依頼する内閲を推奨し、『中央公論』『改造』などの総合雑誌に活用した。[28] これは出版社の損害を避けると同時に、事前検閲としても機能していた。しかし図書課にすれば仕事は増えるし、判断もおのずと厳しくなる。結局、山岡は内閲を廃止し、二七年九月から分割還付を導入する。こちらは、発売禁止の箇所を切り取って発売を許す制度であり、どの箇所が理由で処分を受けたかを明確にする意味もあった（ただし、本を切り取れば当然商品価値は下がった）。[29]

以上の内閲や分割還付は、いずれも応急的な措置にすぎない。そこで、田中内閣の出版法改正をリードしたのが警保委員会だった。

警保委員会

今では忘れられている警保委員会について、図書課長の土屋正三は次のように回顧する。

これは内閣に置いたか、内務省に置いたかはっきり憶《おぼ》えてないが、しかし内閣に置かれたと同じような立派なメンバーによってつくられた委員会でして、内務大臣が会長でしたかね。それで各省の関係者はもちろん入っているし、学識経験者も入っていました。第一番に取り上げられたのが新聞紙法出版法の改正です。これはかなり大じかけなものでしたよ。それで決して言論を抑圧しようとか何とかという意味でやったのではないのですね。内閣が田中内閣で鈴木さんが内務大臣、山岡さんが警保局長で、非常に反動的に解釈される陣容であったのだけれども、その委員会でやったことは、決してそういう反動ではない。[30]

この警保委員会は、山岡万之助の肝いりで、警察に関わる重要事項を諮問する機関として一九二七年七月二十八日に発足した[31]。会長は鈴木内相で、委員には官僚、陸海軍、貴族院、衆議院、学識経験者から二六名が選ばれた。東京帝国大学教授の美濃部達吉も指名された。

警保委員会にとって最初の議題が、出版法の改正である。実は第一次若槻内閣でも、内務省は二度、出版物法案を提出したが、与党憲政会は発売禁止の基準が不明瞭であると反対したために廃案に終わっていた。

警保委員会の重要なテーマも、やはり発売頒布禁止に関わる掲載事項の制限だった[32]。特別委員会では、山岡万之助と美濃部達吉が次のような激論を交わしている。

美濃部いわく、今日はマルクス主義が流行しているが、思想を発表する手段を圧迫すれば暴力に訴える外《ほか》なくなってしまう。また、日本では「国体」の観念が非常に強固であるから、出版物によって「国体」が侵害される恐れは全くない。このように、美濃部は国体論を逆手にとって出版物の安全を説いて、イギリス並の自由を主張したのである[33]。

一方、山岡は反論した。出版の自由は必要だが、結果として悪影響を生じて革命に至りはしないか。また、ただちに「国体」を侵害する恐れはないとはいえ、出版に何ら手段を講じないのは危険ではないか[34]。山岡の目的は、治安維持法が処罰対象としない「赤化宣伝」を、出版法で取り締まることにあった。

禁止の基準をめぐっても二人は対立した。美濃部は、①皇室の尊厳の冒瀆、②国体の変革、

③犯罪の煽動、④善良の風俗を害することを基準として列記し、憲法や私有財産制度に関しては自由な言論を主張した。しかし山岡は、言葉の定義は時代によって変化するため包括的な基準の方が柔軟に対応できると主張した[35]。

特別委員会の答申では美濃部と山岡の意見を折衷して、「一　皇室の尊厳を冒瀆する事項」「二　朝憲を紊乱し、社会を攪乱し、その他安寧秩序を妨害する事項」などの七項目を列記している。なお、美濃部が規制対象として、国体の護持と善良の風俗を同列に並べたことは、性に関する言論を規制するばかりでなく、思想犯を破廉恥犯と同一視することにもなりえた。後述するように、京都学連事件ではまだ名誉犯扱いされていた思想犯は、三・一五事件以降、「国体」を破壊しようとする恥ずべき存在と見なされたのである。

二八年十月一日、警保委員会は、発行禁止制度の廃止、刑罰の軽減、新聞協会の公認などを含む答申を発表した。すでに有名無実化していたとはいえ、新聞や雑誌の死刑に等しい「発行禁止制度の廃止」を謳ったことは大きかった。しかし、旗振り役を務めた鈴木と山岡は、二月の総選挙の責任を負って五月に辞職しており、田中内閣では出版法改正案が日の目を見ることはなかった。

こうして、警保委員会は目ぼしい成果を挙げることなく歴史に埋もれた。そもそも山岡の目的は、宣伝出版物を取り締まることにあった。裏を返せば山岡は、治安維持法で出版物を取り締まるような都合のよい改正を良しとしなかった。また、山岡は出版法改正を検討するにあたって、有志を集めて委員会を組織する方式を採用した。警保委員会は結果として、政・官・学の人材が出版の自由を議論する場として機能したのである。反動と批判される田中内閣の意外な一面として記憶されてよい。

そして、山岡が目指した出版法改正による「赤化宣伝」対策は、彼が失脚した後に治安維持法改正によって実現することになる。

日本共産党の再建

次に少し時間を遡《さかのぼ》って、日本共産党が再建される過程を見ていこう。

二五年一月の上海会議でコミンテルンから再建を指示された日本共産党は、徳田球一《とくだきゅういち》を委員長として再建ビューローを組織する。この際、堺利彦、山川均《やまかわひとし》、鈴木茂三郎《すずきもさぶろう》、赤松克磨《あかまつかつまろ》らは再建には参加せずに合法無産政党への道を歩んだ。

再建ビューローは、合法機関紙の『無産者新聞』を発行して、労働組合や社研にフラクション（支部組織）を設置した。労働組合の内部では左翼分子のレフトが結成された。

当時、共産党の理論的指導者となったのが福本和夫である。二六年十二月四日に山形県の五色《ごしき》温泉で開かれた共産党再建大会は、福本イズムを採択し、中央委員長に佐野文夫《さのふみお》、政治部長に福本和夫、組織部長に渡辺政之輔《わたなべまさのすけ》、中央委員に徳田球一、佐野学、市川正一《いちかわしょういち》、鍋山貞親《なべやまさだちか》を任命した。

しかし、福本イズムは理論闘争を重ねて大衆から分離した前衛党を目指すものであり、これはコミンテルンの指示する大衆化の方針とは正反対だった。二七年一月、コミンテルン議長のブハーリンは福本イズムを完全に否定して、七月に「日本問題に関するテーゼ」（二七テーゼ）を日本共産党に与えた。徳田と福本は罷免《ひめん》された。

二七テーゼは、ソ連の戦略転換を如実に表していた。ソ連ではスターリンが左派を駆逐し、世界革命を放棄して一国社会主義を方針としていた。コミンテルンはすでにソ連の従属機関といってよく、世界革命よりもソ連の防衛を優先した。二七テーゼも、中国革命の支援とソ連の擁護が優先され、日本の革命は後回しにされた[36]。日本共産党は人事から方針まで、まさにコミンテルンのいいなりとなっていた。

さらに、テーゼの項目に「君主制の廃止」を明記したことは、治安維持法との関係で重大な意味を持った。それまで曖昧だった共産主義と「国体変革」は一直線に結びつくことになり、日本共産党を「国体変革を目的とする結社」として浮かび上がらせたのである。

警視庁特高課労働係

一九二七年当時の警視庁特高課は、検閲係、特高係、労働係、内鮮係（内地の朝鮮人を担当する係）に分かれていた。このうち日本共産党の内偵に成功したのは、要視察人を担当する特高係ではなく、スパイの利用に長じていた、労働運動を担当する労働係だった。

共産党の再建について、警保局は二七年二月には情報を得ていた。だが、警視庁労働係が精度の高い情報を摑むのは、田中内閣が発足した後の同年五月のことである。

二七年九月十二日、労働係警部の毛利基《もうりもとい》は、纐纈弥三《こうけつやぞう》特高課長に「日本共産党事件捜査復命書」を提出する。これは、日本共産党の再建を認定した最初の報告書となる。さらに二八年二月十一日、毛利基が提出した「秘密結社日本共産党捜査顚末書《てんまつ》」[37]は、四名のスパイが提供した情報にもとづいて、五色温泉の再建大会や二七テーゼの内容を伝えている。これが共産党を検挙する決定的な証拠となった。

さて、治安維持法初の全国一斉検挙であり、同時に治安維持法改正の背景ともなる三・一五事件のきっかけとして、二八年二月二十日の第一回男子普通選挙（第一六回総選挙）の意味は大きい。鈴木内相の率いる内務省は、政友会を勝利させるために相当の準備と工作を行い、無産政党に対しては露骨な選挙妨害を行った。

しかし蓋《ふた》を開けてみれば、政友会は二一七議席で、民政党の二一六議席をかろうじて上回る結果に終わった。一方、無産政党も全体で八議席と振るわなかった。これは警察の干渉のせいだけでなく、言論を主体とした選挙戦では無産大衆の票を取り込めなかったためである。また、無産政党陣営の足並みが揃わず候補が乱立したことも響いた[38]。

そして共産党は、一九二八年二月に党機関紙の『赤旗』を創刊し、一一名の党員を労農党から立候補させて総選挙を宣伝に利用した。表立っての活動は内務省を大いに刺激し、共産党検挙への道がつけられたのである。

三・一五事件への道

二八年三月の三・一五事件は誰がイニシアチブをとったのだろうか。

鈴木と山岡が共産党を厳しく取り締まるよう指示したことは疑いない。彼ら司法官僚は共産主義を嫌悪していたし、総選挙で日本共産党が公然と活動したという事情もあった。共産党の実体のなかった憲政会内閣時とは事情が異なっていた。

また、三・一五事件は、総選挙で失敗した田中内閣を延命するために計画されたという陰謀説がある[39]。事実、政友会の結果は敗北に等しく、鈴木内相は選挙干渉を行ったとして非難を浴びていた。批判をかわそうとする政治判断があったという見方も可能である。

一方で、鈴木や山岡は部下に仕事を任せる傾向があった。当時の警保局保安課は総選挙対策に忙殺されており、保安課長の南波は事務官の三橋孝一郎《みつはしこういちろう》に共産党対策を一任していた可能性が高い。
また共産党の検挙計画は、警保局保安課と警視庁特高課、東京地裁検事局が極秘に進めていた。スパイの露見を避けるためか、労働係の情報は検事局にすら十分に提供されず、秘密主義が徹底された。検挙の実施日は前日まで鈴木内相にも知らされなかったほどである。[40]
では誰が三・一五事件を指示したのか。南波は選挙干渉の責任をとって二月二十八日に更迭されている。南波を除けば、共産党対策と総選挙をともに把握していた人物は警保局長の山岡万之助を措《お》いて他にいない。おそらく山岡には、選挙絡みの批判をかわす思惑もあっただろう。同時に、本来の「結社」取締法として治安維持法を適用することを待ち望んでいたはずである。しかし、満を持した三・一五事件は、予想外の展開を迎えた。

一九二八・三・一五

一九二八年三月十五日払暁《ふつぎょう》、全国一道三府二七県で日本共産党員に対する一斉検挙が行われた。労農党、全日本無産青年同盟、日本労働組合評議会、日本農民組合などの関連組織も捜索され、約一六〇〇名が検挙された。しかし、いざ検挙してみると、共産党に加入していない支持者が圧倒的多数という事実が発覚した。

東京地裁検事局は、共産党事務局長の中尾勝男《なかおかつお》の家から党員名簿を押収した。だが名簿に記載されたのは四〇九名であり、これは検挙者の四分の一にすぎない。さらに、党員名簿に記載があっても、結社加入罪は「情を知りて」、つまり当人が党の目的を知っていることが要件である。日本農民組合中央委員の稲村隆一《いなむらりゅういち》の場合、名簿には稲村の名前があったが、本人は入党の事実を頑《かたく》なに認めなかった。この結果、稲村は結社加入罪ではなく煽動罪で起訴され、執行猶予付の有罪が確定している。[41]

証拠に欠けるなかで、警察は被疑者を何日も行政検束し、任意捜査を名目として自白を迫り、強引な手段をとった。兵庫県特高課長の中村敬之進《なかむらけいのしん》は、あたかも「日本共産党兵庫県情勢」なる書類があるように装い、共産党員の板野勝次《いたのかつじ》から自白を引き出したという。[42] これはもちろん不当な取り調べである。

また、小林多喜二《こばやしたきじ》の『一九二八・三・一五』（一九二八）は、三・一五事件の凄惨《せいさん》な拷問シーンで知られる。一方で、作中に登場する巡査は、「俺たちだって、本当のところ君らのやってる事がどんな事かぐらいは、実はちアんと分ってるんだが……」と漏らしている。薄給だった巡査には、共産党員に対する一抹の共感があったのではないか。[43]

結局、三・一五事件で検挙された一六〇〇名余のうち、起訴されたのは四八八名だった。起訴率としては振るわない。治安維持法は最初の大規模な検挙から、目ぼしい容疑者をとりあえず検挙するという粗雑な運用を許してしまったのである。

「結社」取締法の破綻

ここでもう一度、三・一五事件までの道のりを振り返って、本章を閉じたい。治安維持法を制定した直後、内務省が課題としたのは、ソ連やコミンテルンを背景として共産主義思想を広める「赤化宣伝」だった。治安維持法はその性質上、宣伝そのものを取り締まることはできないので、内務省は、日ソ基本条約第五条を励行することや出版法の改正を模索していた。一九二六年一月には国内初の治安維持法適用となる京都学連事件が発生したが、社研に対しては結社罪を適用する余地はなかった。

そもそも、法で「赤化宣伝」を規制することには異論もあった。吉野作造は、ソ連との間で宣伝禁止の協定を結ぶことも、取り締まりを強化することにも反対していた。彼のスタンスは「思想は思想をもって闘う」であり、議会制を重視する社会民主主義によって共産主義に対抗しようとしたのである。[44] 吉野が期待を寄せたのは、穏健な社会民主主義を掲げる無産政党だった。

また、憲政会内閣から政友会内閣へという二大政党の政権交代が治安維持法に及ぼした影響も見逃せない。確かに、田中義一政友会内閣では、鈴木喜三郎や山岡万之助ら司法官僚が内務省を支配しており、憲政会内閣に比べて取り締まりが厳しくなったのは事実である。しかしそれでも彼らは治安維持法を安易に改正することを良しとしなかった。

そうしたなか、日本共産党が第一回男子普通選挙という機会をとらえて公然と宣伝を行ったことは、内務省をして治安維持法の適用を決意させるのに十分だった。三・一五事件は、共産党に対して、「結社」取締法としての治安維持法を活用する事件となるはずだった。

しかし、三・一五事件は、共産党員でなければ結社罪に問えないという問題を、治安維持法につきつけた。「結社」取締法の限界を露呈したこの法律は、早くも破綻しようとしていた。そして迷走の末に田中内閣が選んだのは、事実上の「宣伝」取締法として治安維持法を作り変えることだったのである。

第4章　一九二八年の改正

この章では、一九二八（昭和三）年に田中義一内閣のもとで治安維持法が改正され、その後どのように適用されたかを見ていく。

改正の要点は次の二つである。

一つ目は、刑を引き上げ、国体変革を目的として結社を組織した者、指導した者に最高で死刑を科したことである。厳罰主義をとることで左翼に対する威圧と予防を狙ったものであり、一般にはこちらが強調されやすい。ただし、少なくとも日本本国では、治安維持法違反のみを理由とした死刑は執行されていない。

二つ目は、目的遂行罪を設けたことである。これは、治安維持法の罪をつくる構成要件の「目的罪」とはまた別の用語であり、新しい罰則である。簡単にいえば、日本共産党の活動を支えて党の目的に寄与すると見なされた、あらゆる行為を罰することができた。宣伝も当然含まれる。当初は批判らしい批判もなかったが、後には拡大適用されて猛威を振るうことになる。厳罰化よりもよほど重大な改正点だったといえる。

また、治安維持法改正案は最初、議会に提出されたが不成立となり、緊急勅令として枢密院の諮詢を経て成立するという経過をたどる。「憲法の番人」と呼ばれる枢密院の特殊な政治空間を知る上でも、治安維持法は格好のケースといえる。

さらに、改正法は、田中内閣に続く浜口雄幸《はまぐちおさち》民政党内閣の時代に適用を拡大していった。政党内閣の時代にあって、政権交代はいかなる影響を治安維持法に与えたのか。政党内閣は果たして治安維持法をコントロールできたのか。以上が本章のテーマである。

1　緊急勅令案の諮詢まで

三・一五事件の波紋

三・一五事件の新聞記事が解禁されたのは、一九二八（昭和三）年四月十日のことである。

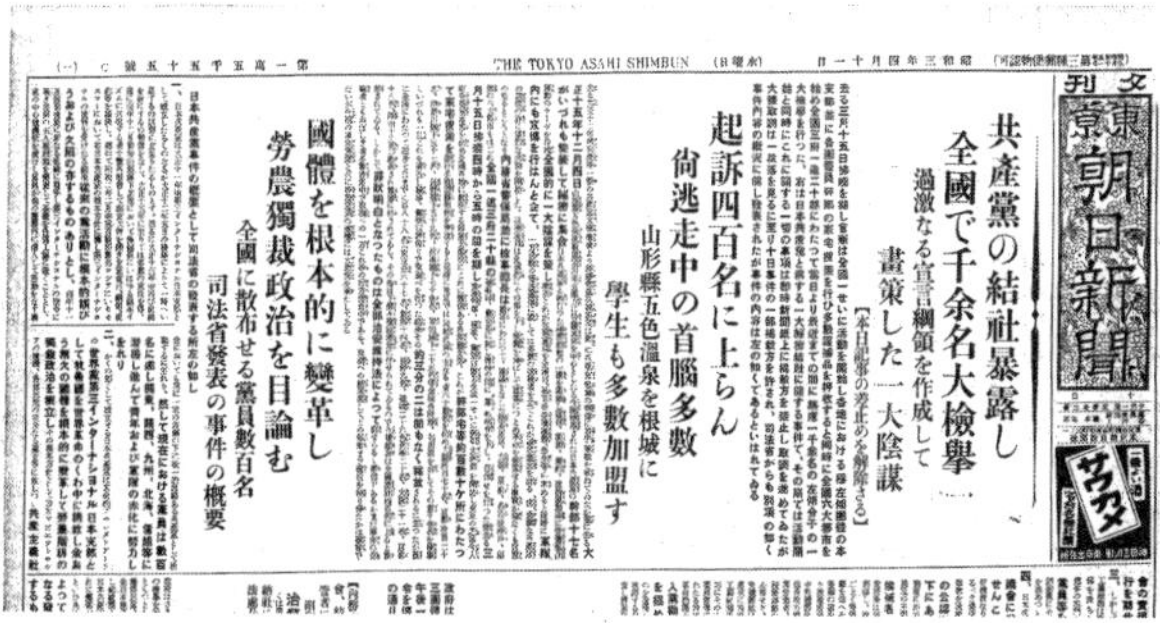
東京朝日新聞
夕刊

共産黨の結社暴露し
全國で千余名大檢擧
過激なる宣言綱領を作成して
畫策した一大陰謀
【本日記事の差止めを解除さる】

起訴四百名に上らん
尚逃走中の首腦多數
山形縣五色溫泉を根城に
學生も多數加盟す

國體を根本的に變革し
勞農獨裁政治を目論む
全國に散布せる黨員數百名
司法省發表の事件の概要

三・一五事件を報じる『東京朝日新聞』4月11日付夕刊

この日の『東京朝日新聞』夕刊（当時の夕刊は翌日の日付なので四月十一日付）は、早くも一面で「共産党の結社暴露し全国で千余名大検挙」「国体を根本的に変革し労農独裁政治を目論《もくろ》む」と報じている。予審の終わっていない段階で差止を解除するのは異例である。あるいは田中内閣は事件を早期に公表して、二月の総選挙での選挙干渉疑惑をかわそうとしたとも考えられる。[1]

同じく四月十日、内務省は労働農民党、全日本無産青年同盟、日本労働組合評議会の三団体に対して結社禁止を命じた。三団体は、共産党に人材を提供する外郭団体と見なされたのである。

翌十一日、田中義一首相、鈴木喜三郎内相、原嘉道《はらよしみち》法相は、事件に関する声明をそれぞれ発表する。次に紹介するのは田中首相の声明の一節である。

事件の内容は金《きん》おう（甌）無欠《むけつ》の国体を根本的に変

革して労農階級の独裁政治を樹立し、その根本方針として力を労農ロシアの擁護および各植民地の完全なる独立等に致し、もって共産主義社会の実現を期し、当面の政策として革命を遂行するにあったのである。[2]

この声明は、共産主義が唱える「労農階級の独裁政治」が国体変革に該当することを、政府が公式に認めた初めてのものである。日本共産党の二七テーゼは、「君主制の廃止」を列記しており、これが共産党に「国体変革」条項を適用する端緒となった。田中首相の声明は、国体に対する反逆者として共産党を糾弾し、共産主義に対する嫌悪を国民に抱かせるものでもあった。

一方、事件を指揮した小《こ》山《やま》松吉《まつきち》検事総長は思いのほか冷静だった。いわく、「今回の事件について感ずることは、検挙された者の中には単なる思想かぶれしたものでなく、真に無産者のためを思う熱情から加盟しているものもある。こんな所から見ても、これは社会制度に乗ぜられるべき欠陥があることに違いない。（中略）治安維持法の運用だけいくらうまくやってもそれだけではいけぬ」[3]。

また、政党の反応は対照的だった。四月十二日、与党政友会は、共産主義の取り締まりを目的とした常設機関と評議委員会の設置を政府に提言している。一方、野党民政党の浜口雄幸総裁は、「危険思想」の元を生む社会や経済の欠陥を指摘している。こうしてみると三・一五事件の反応には、取り締まりの強化を求める意見と、事件の背景にある社会の問題を指摘する意見があったといえる。

なお、四月十六日の枢密院本会議では、閣僚から三・一五事件に関する報告があった。この際、枢密顧問官の江木《えぎ》千之《かずゆき》は、なぜ文部省は「京大の某教授」（河上肇）を処分しないのかと水野錬太郎文相に詰め寄っている。河上のほかにも「左傾」の教授が大学を追われた。

原嘉道と小川平吉

さて、三・一五事件を鑑みて、田中内閣の二人の大臣が治安維持法の改正を準備していた。原嘉道司法大臣と小川平吉鉄道大臣である。

原嘉道は、東京帝国大学を卒業した後、農商務省を経て弁護士となった。議員経験はないが、東京弁護士会会長、第一東京弁護士会会長を務めた。また、平沼騏一郎が主宰する右翼団体の国本社《こくほんしゃ》に参加した。原を法相に推薦したのは平沼であり、田中も原に入閣を打診していた。[4]

一方、小川平吉は加藤高明内閣の司法大臣として治安維持法の成立に大きな役割を果たしたが、政友会が加藤内閣を離脱した後は政友本党との合同工作に失敗し、田中内閣では軽量級の鉄道大臣に甘んじていた。それでも小川は「国粋大臣」を名乗り、思想対策に関与しようとした。

原と小川はともに長野県出身であり、東大を出て弁護士を務めたという共通点がある。日露戦争の講和条約に反対する日比谷焼打事件（一九〇五）に小川が連座した際も、原は弁護人を務めた。二人の大臣は奇縁で結ばれていた。

原によれば、治安維持法の改正は、小川の意見を参酌《さんしゃく》したという。いわく、「小川君は制定の当時は今日ほど露骨でなかったので、十年以下でも防止の目的を達し得たが、今日では極刑を科する必要がある、無期徒刑では徹底しない」と主張し、原も賛同したという。また原は、「この治安法改正のみは『この主義（厳罰）で作れ』と上から下へ命じ、刑事局長、法制局参事官で作成したもので、実に異例である」[5]として、省内の反対を押し切り政治主導で改正したことを認めている。小川も同じような回顧を残している。[6]

管見の限り、改正案の起草作業についてまとまった史料はない。ただし、草案の一つは「厳秘」「特覧」「要急」の判を押した封筒に入っており、司法省が秘密裡《り》に急ピッチで起草したことがわかる。[7]なお戦後の証言だが、警保局の事務官は死刑に反対したものの、山岡万之助警保局長が司法省と諮って改正を進めたという。[8]

治安維持法改正案に関する最初の報道は、法案が議会に提出される前日の『東京朝日新聞』一九二八年四月二十六日付朝刊である。記事には死刑も目的遂行罪も触れられておらず、政府がぎりぎりまで情報を漏らさなかったことがうかがえる。

一、国体を変革するの目的をもって結社を組織するに際しその首《しゅ》かい〔魁〕および枢機に参画したる者は無期懲役に処す

二、私有財産制度を否認することを目的として結社を組織し又は情を知りてこれに加入したる者は三年以上の懲役に処す

治安維持法改正案

一九二八年四月二十五日、司法省と内務省は、治安維持法改正案を閣議に提出する。第一条は次のとおりである。

第一条　国体を変革することを目的として結社を組織したる者又は結社の役員其の他指導者たる任務を担当したる者は死刑又は無期若《もしく》は五年以上の懲役若は禁錮に処し情を知りて結社に加入したる者又は結社の目的遂行の為にする行為を為したる者は二年以上の有期の懲役又は禁錮に処す

私有財産制度を否認することを目的として結社を組織したる者又は情を知りて結社に加入したる者若は結社の目的遂行の為にする行為を為したる者は十年以下の懲役又は禁錮に処す

前二項の未遂罪は之を罰す

死刑を導入したことには、大逆罪や内乱罪と同等の扱いにする意図もあった。刑事局は国体変革の罪を、国民の思想を腐蝕《ふしょく》悪化させ、暴力によらず国体を瓦解《がかい》させる「思想的内乱罪」だと説明している。[9] また刑事局は、国家転覆を目的とする行為に死刑を科す例として、ソ連の反革命命罪（一九二六年刑法）に着目していた。[10]

一方、目的遂行罪とは、結社に加入していない者が、結社の存在とその目的を認識しつつ、指導者のもとで宣伝などの活動に従事することだという。[11] モデルは定かではないが、ソ連の反革命罪には資本主義国を支援する者を罰する条項があった。

目的遂行罪は運用の必要から生まれたものであり、死刑に比べれば目立たなかった。また運用する政府からすれば、党員でない者を罰することは「結社」取締法という本旨から外れるものであり、目立ってもいけなかった。したがって刑事局は、「本丸はあくまで日本共産党であり、結社罪で取りこぼした非党員を取り締まる」という建前をつくることになる。

改正失敗

一九二八年四月二十三日からの第五五特別議会では二つの動きがあった。

一つは、無所属の尾崎行雄《おざきゆきお》が衆議院に提出した「思想国難に関する決議案」である。尾崎は、政府は刑罰のみによって共産党対策をとらないこと、政府は三・一五事件を手柄としないこと、与野党は三・一五事件を政争の具にしないことの三点を挙げて与野党に釘《くぎ》を刺している。決議は満場一致で可決された。[12]

二つ目は、野党陣営による鈴木喜三郎内相の弾劾《だんがい》案である。選挙干渉を理由とする弾劾案が内閣全体に及ぶことを恐れた田中内閣は、議会を停会して鈴木を単独辞職させることで事態を収拾した。弾劾が成功したのは、政友会と民政党が拮抗《きっこう》する状況で民政党と無産政党が野党として協力したことが大きかった。

さて、鈴木弾劾案が提出された四月二十八日の衆議院本会議では、原法相が治安維持法改正案の趣旨を説明している。ただし、論点は死刑の導入と三・一五事件の処理に集中しており、目的遂行罪はほとんど議論に上らなかった。

続く衆議院特別委員会では、民政党議員と元労農党の水谷長三郎が協力して、民政党の横《よこ》山金太《やまきんた》郎《ろう》を、議事日程を管理する特別委員長に選出した。結局、短い会期だったことと、停会が影響して審議は進まず、治安維持法改正案は審議未了で廃案となった。なお原法相によれば、貴族院は「改正案が廻付せらるれば直《ただち》に可決す」との意向だったという[13]。

緊急勅令と枢密院

第五五特別議会では治安維持法の改正に失敗したものの、原嘉道法相は諦《あきら》めなかった。彼が次に着手したのは緊急勅令だった。

緊急勅令は、議会の承認を得ずに政府が制定する勅令であり、一九二三年の治安維持令もこれに該当する。ただし、①公共の安全を保持し、災厄を避ける目的であること、②議会が閉会中であること、③緊急の必要性があることが要件となる。また、事前に枢密院の諮詢を経て了承を受けることと、直近の議会で事後承認されるという二つの手続きを経ねばならず、決して万能ではなかった。

しかも、一九二八年の治安維持法改正は、議会で廃案になった法案を、議会が閉会した後に緊急勅令で制定するというものだった。前述の要件から逸脱したその場しのぎの方法であることは明らかであり、田中内閣は議会軽視の態度を批判された。

治安維持法改正の緊急勅令については、政友会と関係の深い枢密院副議長の平沼騏一郎の働きかけが注目されてきた[14]。しかし、あまり注目されてこなかったが、枢密院議長の倉富勇《くらとみゆう》三郎《ざぶろう》も、緊急勅令の成立に腐心していたことが彼の日記（『倉富勇三郎日記』）からうかがえる。以下、『倉富日記』を参照しながら過程を追っていこう。

第五五特別議会が閉会した翌日の五月七日、原法相は倉富を訪れて緊急勅令の件を相談した（倉富の前に、原は平沼と面会している）。

この日の『倉富日記』によれば、原法相は、現行法では党員以外を処罰できないことを理由に挙げて、目的遂行罪の必要性を強調したようである。あるいは、倉富は目的遂行罪の重要性に気づいたともいえる。ただ、倉富は改正案には同感したが、議会で不成立となった点を問題視した。九日、倉富は平沼と協議し、議会で否決されたわけではないので遠慮する必要はないという結論に達している。平沼もまた、目的遂行罪の必要を認めており、緊急勅令を支持する意思を固めたのだった。

一方、緊急勅令は一部の枢密顧問官の反感を買った。久保田譲《くぼたゆずる》（元文相）は、内閣書記官長の鳩山一郎《はとやまいちろう》に電話し、「是《これ》が事実ならば自分（久保田）は絶対反対なり、此《かく》の如《ごと》きことを為すならば若槻（礼次郎）内閣が台湾銀行救済の緊急勅令案を否決せられし其《そ》の為倒壊したると同様のこととなるに付、是非之を止めよ」と警告した[15]。前年の一九二七年四月、枢密院は台湾銀行救済の緊急勅令を否決し、第一次若槻内閣は総辞職している（これには平沼の働きかけもあった）。要するに久保田は、緊急勅令案を枢密院に出せば田中内閣を倒す、と脅したのである。こうして治安維持法改正の第二幕は開けた。

緊急勅令案の成立

五月十五日、田中内閣は緊急勅令案を枢密院に諮詢することを閣議決定するが、問題は山積みだった。

第一に、緊急勅令の不承認問題である。従来の政府は、緊急勅令で法律を改正する時には、法律の元の部分は廃止されるという解釈をとっていた。つまり、次の議会で緊急勅令が承認されない場合、治安維持法が最も重視する第一条の結社罪が消滅することになる。与野党が拮抗する状況では起こりうる事態だった。

五月十五日の『倉富日記』によれば、倉富は、不承認となった場合に法律は旧に復する、「復活説」を原法相に提案している。この説は伊藤博文の『憲法義解』と、憲法学者の美濃部達吉、行政法学者の清水澄《しみずとおる》が支持していた。

第二に、責任者の泉二新熊《もとじしんぐま》刑事局長は改正に消極的であった。五月十六日に原に提出された泉二の草案は、なんと目的遂行罪を削除していた。驚いた原に対して泉二は、①目的遂行行為は現行法第二条の協議罪に包含されている、②結社に加入せずにポスター等を配布する者は第三条の煽動罪に該当する、③処罰された後も結社を継続する時は協議罪で罰することを説明している。[16]

さて、五月十八日付の『東京朝日新聞』朝刊は、「国体変革処罰に関する件」と題する緊急勅令案をスクープした。法案は治安維持法とは別の単行法であり、条文は全一条、国体変革を目的とした結社罪と目的遂行罪だけを処罰するという。しかし、仮に次の議会で不承認となってもこの単行法が消滅するだけで、現行の治安維持法にはダメージがない。単行法は保険をかけることに等しく、野党や新聞の批判を浴びた。

結局、五月二十二日の閣議は、第五五特別議会の改正案とほぼ同じ緊急勅令案を決定している。ただしこの緊急勅令案では、第一条第二項の「私有財産制度否認」を目的とした結社加入罪から「情を知りて」が削除されている。これは「情を知りて」の要件をなくして立証を容易にするつもりだったと思われる。

この緊急勅令案に対しては、野党だけでなく鳩山一郎（内閣書記官長）、前田米蔵（法制局長官）など政友会にも反対論者が存在した。[17] 五月二十二日には、久原房之助《くはらふさのすけ》の入閣に反対して水野錬太郎文相が辞表を提出する騒動が起こり、混乱に陥った田中内閣は求心力を失い、緊急勅令案を諮詢できないのではないか、との見方もあった。それでも、小川鉄相と望月圭介《もちづきけいすけ》内相が閣内と党内を説得した結果、政友会は諮詢を六月十日（東京府会議員選挙の投票日）以後とすることで了承している。

こうして緊急勅令案は、いよいよその舞台を枢密院に移すことになる。

2 緊急勅令の承認まで

枢密院審査委員会の説得

六月十二日、田中内閣は、治安維持法改正緊急勅令案を枢密院に諮詢する。

枢密院とは、政府に功績を認められた終身の顧問官たちが委員となり、法律、条約、勅令が憲法に反しないか審査する場所である。緊急勅令のように重要なものは、まず審査委員会に付託して、六~九名の顧問官で実質的な審議を行う。その後、本会議で可決した後、天皇の裁可を経て晴れて公布となる。

六月十四日に始まった審査委員会では、委員長に平沼騏一郎、審査委員に久保田譲、富井《とみい》政章《まさあきら》、平山成信《ひらやまなりのぶ》、山川健次郎《やまかわけんじろう》、松室致《まつむろいたす》、江木千之、田健治郎、荒井賢太郎《あらいけんたろう》が任命された。

田中義一首相は、議会閉会から枢密院の諮詢までに一ヵ月以上かかったことを弁明した。また原嘉道法相は、共産党の残存勢力がなお活動していることを提案の理由に挙げた。[18]

対する委員からは、まず江木が、議会で廃案になったのになぜ会期を延長しなかったのか、あるいは衆議院を解散しなかったのかを質《ただ》した。富井政章も、共産党の活動を理由とすることに疑問を呈した。要するに、緊急の必要はなく、次の議会で法案を再提出すればよいというのが反対派顧問官の主張だった。反対派の声が予想以上に大きいことから、倉富は「本院は事実認定の機関にあらず」と述べて、緊急性については政府の判断に従うよう促している。

六月二十四日の第六回審査委員会では、反対派の久保田が「政府に再考を求める動議」を提議した。動議は賛成四、反対四で拮抗したが、委員長を務める平沼は動議を否定して緊急勅令案の採決に移り、五対三の賛成多数でかろうじて可決された。ただし、①教育の改善、②国民生活の安定、③コミンテルンとソ連への対策、④警察・検察制度の改善を希望する付帯決議がついた。

なお、枢密院での緊急勅令案をめぐっては、水面下で工作が行われた。顧問官は合計しても二十数名であり、多数派工作を行うことはそう難しくない。しかし同時に、顧問官は一人一人が功なり名を遂げた老人であり、頑固一徹で癖のある者も少なくなかった。六月二十四日の『倉富日記』によると、倉富は枢密院会議をしばしばリードした伊東巳代治を説得しようとしたが、空振りに終わっている。

一方、反対派の顧問官は、枢密院の議事内容を新聞に漏洩《ろうえい》して、緊急勅令に対する批判を呼び起こそうとした。数で劣る反対派にしてみれば、結果が見えている以上、枢密院会議を世論に訴える場として活用するのがベターだった。六月二十六日の『倉富日記』によると、平沼は漏洩の責任をとって副議長を辞職することを申し出た。だが倉富は、辞職すれば枢密院と政友会が通謀したという噂が事実として認識されるとして平沼を思いとどまらせている。それぞれの思惑が交錯するまま、審議は枢密院本会議に移った。

緊急勅令案の可決

枢密院本会議は六月二十七日に開催された。

本会議は議長、副議長、顧問官と閣僚全員が列席する。慣行により天皇も臨御するが、一切発言せず、表決にも加わらない。

六月二十七日の本会議の模様は、翌二十八日の『東京朝日新聞』朝刊で詳細に報じられた。明らかな機密漏洩だが、倉富が日記を補完するのに用いるほど内容は正確だった。

本会議では、まず平沼副議長が審査委員会の報告をした後、久保田譲が質問を名目とした長大な演説を始めた。[19] 明らかな牛歩戦術であり、ほかにも質問者が相次いだため、二十七日は表決に至らなかった。ここで昭和天皇から、「如何程《いかほど》遅くなりても差支《さしつかえ》なし、議事を延行すべき旨」要望があり、本会議は翌日に順延された。[20] これは枢密院史上初のケースである。

翌二十八日に再開した本会議では、反対派と賛成派がそれぞれ意見を述べた。反対派の元司法大臣の松室致は、自らが検事総長として担当した大逆事件を挙げて、①死刑には威圧効果があるものの、容疑者は罪を恐れて自白を拒むため、捜査はかえって困難になる、②死刑のみの大逆罪・内乱罪と罪状が重複した場合、より刑の軽い治安維持法の罪が適用されてしまう、③現行法でも取り締まりは可能である、と主張した。[21]

このうち②に対して原法相は、治安維持法の罪は暴力・脅迫を伴わないが、大逆罪は皇族に危害を加えるのであり、二つの法は適用範囲を異にする、と反論している。

表決の結果、反対五（久保田譲、井上勝之助《いのうえかつのすけ》、石黒忠悳《いしぐろただのり》、松室致、江木千之）、賛成二四の賛成多数で、緊急勅令案は可決された。もとより可決は確実だったとはいえ、二日間にわたった本会議は緊急勅令に反対する世論を大いに煽《あお》った。

昭和天皇の葛藤

実は、昭和天皇は治安維持法改正の緊急勅令に難色を示していた。背景には、議会政治を軽視する田中内閣への不満があったようだ。六月十五日、天皇は田中首相から説明を受けたものの、これに満足せず、条件付きで裁可する意向を牧野伸顕《まきののぶあき》内大臣に漏らしている。[22] また、天皇は、緊急勅令に関しては議論を尽くすよう、繰り返し倉富議長に伝えていた。[23] 緊急勅令が枢密院を通過した後も昭和天皇は裁可を渋り、「治安法才《ママ》可に臨み条件を附し度《たき》希望」を牧野に伝えている。[24]

では、天皇は緊急勅令の趣旨をどのように理解していたのだろうか。六月二十九日の『倉富日記』によると、倉富が参内《さんだい》して、「現行法にては社外に在るものを罰することを得ず、緊急勅令にては其規定を補いたる旨」を奏上すると、天皇は「ハー左様カ」と漏らしたという。つまり、天皇は目的遂行罪の内容に驚いたことになる。

昭和天皇の反応は、同時代人の関心が死刑や緊急勅令の形式に集中していて、目的遂行罪に至らなかったことを示唆する。目的遂行罪の重大性を理解していたのは、緊急勅令を推進する一部の人間に限られていたのである。

結局、天皇の裁可を得て、治安維持法改正緊急勅令は六月二十九日に公布された（全文は巻末の関係法令文を参照）。

ついでに、緊急勅令の反対派の意見を確認しておこう。まずは憲法学者の美濃部達吉である[25]。美濃部いわく、刑罰を重くするという理由だけでは緊急の必要性は満たされない。また、議会で不成立となった法案を緊急勅令で成立させることは、議会の権限を蹂躙《じゅうりん》するに等しいという。美濃部はまた、弾圧はかえって革命を誘発するという立場をとっている。

かつて美濃部と憲法論争を繰り広げた上杉慎吉《うえすぎしんきち》も、緊急勅令を批判した[26]。彼の主張を憲法に関するものに限って記すと、政府が次の議会を待たずに緊急勅令案を提出したこと、次の議会で不承認となると見越して復活説を採用したことを批判している。

民政党の斎藤隆夫は枢密院に矛先を向けた。いわく、枢密院は「憲法上の独立機関」であり、政府の諮詢した案件に反対することは干渉ではない。したがって枢密院は政府に反対することを躊躇すべきでない、という。[27]

政府にとって一番の懸案は野党民政党の存在である。政府が復活説を採用して保険をかけたように、民政党が反対すれば、次の議会で緊急勅令が不承認になることもありえた。しかしここでキーパーソンとなるのが、民政党顧問の床次竹二郎である。床次は一九二四年に政友会を離党して政友本党を立ち上げたが、二七年六月には憲政会と合同して民政党に入っていた。その床次が八月一日、民政党を突如脱党して新党結成を声明したのである。床次は思想対策では田中内閣を支持し、緊急勅令への賛成が見込まれた。

さらに八月三日、田中首相は民政党総裁の浜口雄幸を訪ねて、「外交及思想問題調査会」への参加を求めている。しかし、民政党幹部会は満場一致で拒絶を決定した。[28]民政党は政友会との政策提携に乗らず、緊急勅令を不承認とする方針を固めたのである。

田中内閣の思想対策

治安維持法の改正と並行して、田中内閣は取り締まり体制を強化している。

警保局は三・一五事件の直後から特高警察の拡充を計画し、第五五特別議会で一九九万円の追加予算が承認された。警保局の人員は一二一名から二三六名と倍近くに増え、二八年七月には全ての道府県に特別高等課を設置した。[29]これは、二八年十一月の昭和天皇の即位大礼の警備に備えてでもあったが、警保局には急速な拡充に戸惑う声もあった。

同じく司法省も、思想犯罪を専門とする思想検事（思想係検事）の増員に乗り出している。すでに二七年六月には、司法省は思想専門の事務官を置いており、東京地裁検事局も十月に内部の人員をやりくりして「思想部」を置いていた。三・一五事件の後、司法省は追加予算として三二万円を計上し、二八年七月に思想検事二六名と書記五二名を置いている。[30]

それでも、情報収集に不足を感じていた司法省は二八年九月、全国の思想検事を対象とした第一回思想係検事会同を開催する。これは、特高警察や学者などを講師に招いて知識を共有する目的があった。

こうした制度改革と並行して、共産党と外郭団体の再組織運動が課題としてあった。三・一五事件の後、検挙を免れた渡辺政之輔、鍋山貞親、市川正一たちは、日本共産党の組織を建て直した。

労働農民党では、共産党との関係を強める左派（山本宣治《やまもとせんじ》）と、合法政党を目指す右派（水谷長三郎）の相克があり、左派が優位となって再組織運動を進めた。二八年十二月二十二日、労働農民党は再結党を果たしたが、内務省は十二月二十四日に結社禁止を命じている。

望月圭介内相は、旧労農党幹部の大部分が残っていること、日本共産党との断絶を確認できないことなどを禁止の理由に挙げている[31]。

一方、二八年十二月には日本労働組合全国協議会が、二九年一月には日本共産青年同盟（共青）が、日本共産党の指導を受けて秘密裡に組織されている。これに対して、内務省は特高警察に捜索を命じ、二八年中にかけて共産党関係者を順次検挙した（中間検挙）。

第五六議会での承認

すでに述べたように、緊急勅令は直近の議会で承認を得なければ失効することになる。二八年の年末に開かれた第五六議会では、田中内閣は治安維持法改正緊急勅令の承諾を求める件を提出する。

衆議院のキャスティング・ボートを握ったのは、やはり民政党を離党した床次竹二郎の新党倶楽部である。野党陣営は第五五特別議会の時と同じように特別委員長を選出し、審議を遅らせて廃案に持ち込むことに望みをかけた。しかし、特別委員長には政友会の賛同を得て新党倶楽部の井坂豊光《いさかとよみつ》が選ばれた。

この時点で承認は確定したが、それでも野党は反対した。民政党の斎藤隆夫は、モスクワの東方勤労者共産大学（クートべ）に日本人が留学し、帰国後に日本共産党の指導的地位に立っていることを指摘し、クートベを放任しているソ連政府に対して断乎《だんこ》たる措置をとらない外務省を追及した。

元労農党の水谷長三郎は、目的遂行罪をめぐって議論を応酬した。

泉二新熊刑事局長いわく、目的遂行行為とは、結社に入社していない者が、宣伝などの「エーゼント」の活動を行うことである。また、共産党の直接の指導下になくとも、党の情を知り、党のために目的遂行行為を行った者は処罰される。「国体変革」「私有財産制度否認」を目的とした結社・団体はいかなる場合も処罰する。

これに対して水谷は、左翼団体は程度の差こそあれ共産党の影響を受けており、泉二の説明では合法左翼運動も存在できなくなると反論した。また水谷は、共産党と左翼団体の関係を「ベルト」にたとえている。ベルトは要するに、党と団体を結ぶ関係と言い換えてもよい。水谷は、共産党との「ベルト」を意識していない団体にも、目的遂行罪は適用されるのかを問うている。[32]

泉二は、全ての左翼運動に適用するつもりはないと反論し、共産党との関係を意識していない団体には適用しないとも回答している。泉二の答弁は一応、水谷の望んだ回答でもあった。しかし、改正後の運用実態を見ると、共産党との「ベルト」を警察・検察の側が推測するケースが多く見られた。

三月三日の衆議院本会議は、政友会議員の発言をきっかけに政友会と民政党の間で小競り合いが生じ、採決は次回に持ち越された。[33] 三月五日に再開した本会議も、賛成演説と反対演説が応酬して紛糾した。元労農党の山本宣治の番になって、政友会は討議の打ち切りを動議し、賛成二四九票、反対一七〇票の賛成多数で緊急勅令は承認された。

なお、三月五日の夜、山本宣治は七生義団《しちせいぎだん》員の黒田保久二《くろだほくじ》に刺殺されている。山本は一八八九（明治二十二）年京都府に生まれた。二六年労農党に入り、二八年の総選挙で初当選した。第五六議会では、三・一五事件で警察が不当な検束や拷問を行ったことを追及した。

山本のスタンスは、治安維持法そのものへの反対だった。ブルジョワと労働者という階級対立を基調としており、批判は田中内閣、警察、検察、資本家、地主、そして議会に向けられた。演説は共産党の合法化さえ謳っていた。[34]

確かに治安維持法の改正を許した議会は無力だった。しかし、それでも、浜口雄幸は三月五日の日記に、「採決の結果七十九票の差を以て治安維持法改正緊急勅令承諾に決す」と記している。承認を許した無念と、議会政治に則った矜持《きょうじ》を読み取れないだろうか。

改正の過程を見てもわかるように、当時の議会は（厳密には衆議院の野党は）、決して治安維持法の改正に唯々諾々と従ったわけではない。しかし、それはそれとして議会における多数は今も昔も絶対である。三月十九日、貴族院は緊急勅令を承認し、改正治安維持法は恒久法として認められた。

3　改正治安維持法の運用

四・一六事件

緊急勅令の承認から一ヵ月経たない一九二九（昭和四）年四月十六日、日本共産党に対する全国一斉検挙が一道三府二四県で実行された。この時は約七〇〇名が検挙され、市川正一、鍋山貞親、三田《みた》村四郎《むらしろう》ら共産党幹部も網にかかった。いわゆる四・一六事件である。

前回の三・一五事件とは違い、この事件は特高警察と思想検察の入念な準備のもとに行われたが、課題も残った。一つは、行政検束を濫用して被疑者を拘束したり、拷問をして自白を強要するといった人権侵害が目立ったことである。

もう一つ重要なのが、学生の検挙者の増加である。三・一五事件と四・一六事件では、二九年十一月までに八三六名が起訴されたが、このうち高校、専門学校、大学の関係者（在学者、中退者、卒業者）は二四一名に上った。[35] 当時の高等教育機関の就学率が五％未満だったことを考えれば、高学歴者の割合の高さが察せられる。

清水幾太郎は、自身が東京高等学校で過ごした一九二五〜二七年は、社会主義への接触はかなり寛容だったとしている。しかし、二八年の三・一五事件以降、学生の自由は徐々に狭められた。

文部省と高校は、三・一五事件に関与した学生に放校・除名・退学などの処分を下している。岡山の第六高等学校では三・一五事件で学生八名が起訴され、全員が放校処分となった。公判では六高出身の海野《うんの》普吉《しんきち》が弁護に立ち、治安維持法を批判するとともに学生に寛大な処分を求めた。その結果か、共産党員の長門操《ながとみさお》が懲役五年、他七名は執行猶予付有罪となった。[36]

また京都の第三高等学校は、四・一六事件後の二九年五月二十八日、警察にマークされていた生徒八名に対し、社会科学の集団的研究を理由に除名などの処分を下した。

こうして、治安維持法改正の影響は早くも現れた。では次に、改正に反対した民政党の浜口内閣での運用を見てみたい。

浜口内閣の発足

一九二九年七月二日、民政党総裁の浜口雄幸を首班とする浜口内閣が発足した。浜口は緊縮財政を掲げ、田中内閣からの政策転換を表明した。議会を重視する浜口は、政党政治の信頼回復を一つの使命とした。

同時に、この政権交代は、治安維持法改正に反対した民政党が改正法を適用する側に立ったことを意味した。田中内閣との違いとして次の三点を指摘できる。

一つ目に、学生の治安維持法違反者には寛大な措置を心掛けた。安達謙蔵《あだちけんぞう》内相は、共産党事件で検挙された学生の社会復帰を妨げないよう注意を与えている。

二つ目に、非合法な共産主義運動と、合法的な社会運動とを区別し、後者については運動を保護するようにした。二九年十一月一日に再結成した労働農民党についても、内務省はこれを容認した。

三つ目に、思想犯に対する取り扱いを改善した。小山松吉検事総長は、治安維持法違反の被疑者を取り調べる際は、威力や叱責《しっせき》、侮辱を行わないように注意している。[37]

以上の三点はいずれも、田中内閣の行き過ぎた方針を修正したものである。これは政権交代によるプラスの影響ということができる。

しかし浜口内閣の方針は、一九三〇年二月の第三次共産党検挙をきっかけに行き詰まりを見せた。この時の検挙では学生から多数の検挙者が出た。一九三〇年中に起訴された共産党と、共産党の下部組織にあたる日本共産青年同盟の関係者四四六名のうち実に一九二名が高等教育機関の関係者だった（在学生は七五名）。[38] さらに五月二十日には、平野義太郎《ひらのよしたろう》東大助教授、山田盛太郎《やまだもりたろう》東大助教授、三木清《みききよし》法政大学教授らが、共産党のシンパサイザー（共産党の信奉者。資金供与などを行う）として検挙され大学を追われた。目的遂行罪は、共産党を支援する外郭団体や小規模のサークルにも適用されたのである。[39]
　また、この検挙を逃れた田中清玄《たなかせいげん》らは、労働組合などの外郭団体に潜伏する。こうした共産党員のいわゆる「地下潜行」は、合法運動と非合法活動の線引きを困難にした。
　浜口内閣とて、治安維持法を改廃するつもりはなかった。尾崎行雄は、三一年の第五九議会に「帝室の御安泰と治安維持法の関係についての質問」を提出して、法律を廃止するか、暴力革命や違法行為だけを処罰するよう提起した。しかし、当時は民政党が衆議院の圧倒的過半数を制しており、無所属の尾崎が孤軍奮戦できる状況ではなかった。政府は、共産主義者は議会制度を否認しているため、暴力革命だけを処罰するのは妥当でないと回答している。尾崎は、牧野伸顕内大臣に対し、「治安法と皇室との関係に付頗《つきすこぶ》る憂慮の次第を述べ、最早《もはや》残念乍《なが》ら自分等が議会に於て努力するも効果なし、止むを得ず側近の方々に何とか御心配ありたしの希望なり」と吐露している。
　この時、浜口首相はテロに遭遇し、議会では民政党と政友会が泥仕合を続けていた。尾崎は、藩閥政府と闘っていた明治時代を思い返し、「薩長政府は国家を念頭に置き働きたるが、今日は議会抔《など》に国家を思うもの一人もなし」と、政党への失望を隠さなかった。大久保利通を父に持つ牧野も、かつての敵に同情を禁じえなかったのである。[40]

治安維持法の司法過程

ここで、三・一五事件以降の治安維持法の司法過程を検討しておこう。

第一に、「一斉検挙主義」の変化である。共産党が地下に潜行したことで一斉検挙は困難となった。検察は一九三〇年以降、容疑者を確認しだい随時検挙する「日常検挙主義」に移行した。[41] 警保局によれば、日常検挙主義が採用された背景には、学生が共産党に深入りする前に検挙してほしいという、保護者からの要望があったという。[42]

日常検挙主義へ移行したことで、治安維持法違反事件の検挙件数は増加した。また警察は、容疑者をとりあえず検挙して警察署に留置するような、予防的な運用を強めることとなる。

第二に、検察は情状酌量によって起訴を見送る起訴猶予を用いるようになる。これは一つには、学生に寛大な措置をとる浜口内閣の方針にもとづく。もっとも、日常検挙主義によって検挙件数が増えれば、検察は十分な取り調べを行うことが難しくなる。このため、起訴猶予を推奨する誘惑に駆られたのではないか。

次に公判にも触れておこう。三・一五事件の公判は、二八年九月までに東京を除く一一の地裁で開廷した。検察が公判を急いだのは、同年十月から始まる陪審制で、陪審員が共産党の影響を受けることを恐れたためである。[43] 田中内閣は二九年に陪審法を改正して治安維持法違反事件を陪審の対象外とした。なお、東京地裁では三・一五事件と四・一六事件の被告五

○○人余りを合同した統一公判となった(三一年六月二十五日開廷)。

共産党事件の公判では法廷闘争が行われた。裁判のボイコット、判事の忌避申し立て、統一公判の請求、共産党の宣伝など様々である。一九三〇年頃から、法廷闘争は被告人の救援活動のような大衆運動へと広がり、被告人は外部と巧みに連絡をとった。一方、司法省も信書の検閲を強化して思想犯の取り扱いを厳しくした。たとえば、「公判ではドンナ事をやるものか、特に被告は『何時《いつ》』『何を』言うべきか」といった公判の情報を知ろうとする手紙は、拘置所で差し止められている。[44]

国体と目的罪

一九二八年の三・一五事件と治安維持法の改正は、この法律の法解釈にも影響した。

一つは国体である。三・一五事件では、検察は日本共産党を、国体変革を目的とする結社として定義した。ただし地方によっては、押収した資料に君主制の廃止を見出せないケースもあり、地裁判決では治安維持法の国体の定義は固まっていなかった。[45]

国体の定義が確定したのは、日本共産党旭川グループに対する一九二九年五月三十一日の大審院判決である。判決は、明治憲法第一条と第四条にもとづいて、国体を「万世一系の天皇君臨し、統治権を総攬し給うこと」として論じている。そして、「帝国に無産階級独裁の政府を樹立せんとする」こと、つまり「プロレタリア独裁」は「国体変革」であるという解釈を確定している。以後ほとんどの事件では、被告人と共産党の関係を推測して、「国体変革」が適用された(共産党との関係を立証できない場合にのみ、私有財産制度否認が適用された)。

二つ目は治安維持法の構成要件にあたる「目的罪」である。前にも述べたように、治安維持法の罪が成り立つには、国体を変革するという目的を本人が抱いている必要があった。しかし、警察や検察は、状況証拠から共産党と本人の関係を推測して、本人の意思に関係なく国体変革の目的ありと認定することがままあった。

ここで問題となるのが目的遂行罪の扱いである。この罰則は共産党を支援するあらゆる行為を射程に含む。それゆえに、行為だけを捉えて恣意的に運用されるおそれがあった。

そこで一九三一年三月二十七日付の司法次官発通牒は、目的遂行罪で学生を検挙した場合、「不動の理論的信条」「鞏固《きょうこ》なる決心」を持つ学生に限って起訴するよう指示している[46]。これは、明確な目的を抱いている者だけを罪に問うことで、学生に対して寛容な方針を示すとともに、目的遂行罪が濫用されるのを防ごうとしたのだった。

だが、三一年五月二十日の大審院判決は、当人の活動が結社の目的に合致すると、客観的に(つまり本人の意思に関係なく、警察や検察が)判断することで目的遂行罪を認定した。これは、目的遂行罪は「目的罪」の原則にあたらないと、判例が認めたことになる。警察や検察による恣意《しい》的な運用は認められたも同然だった。

「包括一罪」

三つ目は目的遂行罪と結社加入罪の関係である。

一九三一年十一月十三日、同月二十六日の大審院判決では、結社加入罪と目的遂行罪を一つにまとめる「包括一罪」という論理が登場した。ここでは十一月二十六日の西山武一《にしやまぶいち》（戦後、東京農業大学教授）の事件について述べたい。

西山は一九〇三（明治三十六）年佐賀県に生まれ、東大農学部を出た後、日本農民組合新潟県聯合会に入り、二七年十二月に日本共産党に入党した。三・一五事件では検挙を免れたが、三〇年二月に逮捕されている。西山の犯罪事実は、①共産党への入党、②『無産者新聞』の編集に大別される。①は治安維持法の改正前であり、②は改正後にあたる。第一審判決は、①と②を一個の罪と認定して、改正法の結社加入罪で懲役七年の実刑を下している。[47]

そして三一年十一月二十六日の大審院判決は、結社加入罪は「継続延長する包括一罪」として目的遂行罪を包括する、という理論をつくり、西山を結社加入罪で四年の懲役とした。[48]

要するに、改正前の時期に共産党に入党した者が、改正後の時期に目的遂行行為を行った場合、連続した一つの罪となり、改正法の結社加入罪を適用できたのである。

この「包括一罪」の論理は何をもたらしたか。これにより、ひとまず目的遂行罪で検挙した後、結社加入罪を追及することが可能となった。しかし本来別の犯罪を一つにまとめようとすると、個々の犯罪の追及は詰めの甘いものとなる。大審院判事の三宅正太郎は、「この解釈は治安維持法の罪を殆どすべてその第一条に集中させてしまう傾向を強めるものであると同時に（中略）価値の大きな事実のみを挙げて起訴する傾向を馴致《じゅんち》するであろうし、その半面に於て検挙を大ザッパにする弊を生じないとも限らない」と批判している。[49]

一九三二年以降、治安維持法の起訴理由は第一条に集中し、協議罪や煽動罪は形骸化する。そして、目的遂行罪が本格的に活用される。そもそも一九二八年の改正は、三・一五事件で結社罪が機能しなかったことを踏まえての措置だった。治安維持法はあくまで「結社」取り締まりが主で、目的遂行罪は本丸の日本共産党を狙う際の露払いとして機能するはずだった。

しかし、その後の運用を見た場合、目的遂行罪はむしろ共産党以外の者に猛威を振るった。そして拡大適用された責任は田中内閣だけでなく、治安維持法改正に反対した民政党内閣にも求められる。確かに、浜口内閣は田中内閣の過酷な方針を改めたが、改正法の拡大適用に先鞭《せんべん》をつけたことも否めない。そして、大審院がつくった「包括一罪」の論理は、目的遂行罪を安易に適用する途を開いた。一九三〇年代の治安維持法の拡大適用は、政党内閣の時代に準備されたのである。

第5章　膨張の一九三〇年代

本章では、一九三〇年代を通じて治安維持法が膨張を遂げていく過程を見ていく。

司法省と内務省は、一九二八年の改正に続いて、一九三四（昭和九）年と三五年の二度、治安維持法改正法案を議会に提出した。

改正の目的は一つ目に、日本共産党を支援する外郭団体を取り締まることだった。二つ目に、審理を円滑にするため、刑事手続きに特例を設けようとした。三つ目に、思想犯の改《かい》悛《しゅん》を促すため、いわゆる転向政策を盛り込もうとした。これは三一年以降、治安維持法による検挙者が激増したことを背景とする。

この三つの目的はもっぱら共産党対策の延長である。だが、治安維持法改正を促した裏の要素として、国家主義運動が絡んでいたことは見逃せない。

結局、二度の改正案はいずれも失敗したが、治安維持法は膨張をやめず、拡大適用を続けることになる。まずは、司法省が改正案を起草する背景から見ていきたい。

1 再改正への布石

日本共産党の崩壊

戦前の日本共産党は何度も検挙され、壊滅的な打撃を受けながら、再建を繰り返した。四・一六事件の後、一九三〇(昭和五)年一月、田中清玄は武装蜂起《ほうき》を方針とする「武装共産党」を再建したが、これは同年七月に壊滅する。その後、三一年一月、風間丈吉《かざまじょうきち》らが党の再建に着手し、日本共産党は「非常時共産党」(新生共産党)と呼ばれる時代を迎える。

この非常時共産党は「大衆化」を方針とした。これまでの党員はせいぜい数百人だったが、積極的に党員あるいはシンパを増やし、党の勢力を拡大したのである。党員となったのは主として文化人やインテリといったエリートであり、元京都大学教授の河上肇、作家の小林多喜二も入党している。反面、経験の少ないインテリが党の指導部を占めたことに運動家や労働組合は不満だった。

　また三二年六月、非常時共産党は三二テーゼを採択した。これは、二七テーゼの起草者でコミンテルン議長を務めるブハーリンが失脚したことを受けて、コミンテルンが新たに日本共産党に与えた方針であり、天皇制の打倒を最優先課題に掲げるという急進的な内容だった。すなわち、当時の日本では大衆の支持を得にくいものだった。

　さて、非常時共産党はスパイMこと松村昇《まつむらのぼる》（本名、飯塚盈延《いいづかみつのぶ》）という爆弾を抱えていた。松村はモスクワのクートベ（革命戦術を教える東方勤労者共産大学）から帰国した三〇年七月に検挙され、警視庁特高課長の毛利基《もうりもとい》に口説かれてスパイとなった。松村は中央委員の一人として党組織と資金網を掌握し、毛利に情報を提供していた。

　警視庁特高課は松村の情報をもとに、三二年三月には共産党の資金源となっていた日本プロレタリア文化連盟（コップ）を一斉検挙した。資金源を失った共産党は金策に奔走し、十月六日には川崎第百銀行大森支店で強盗事件を起こしている（大森ギャング事件）。そして十月三十日、共産党の地方代表団が熱海で一斉検挙され（熱海事件）、同じ日には松村のリークで風間丈吉も検挙された。こうして非常時共産党は崩壊したのである。

　その後も共産党はスパイに翻弄《ほんろう》された。三三年一月、山本正美《やまもとまさみ》と野呂栄太郎《のろえいたろう》が共産党を再建したものの、二人はスパイ大泉兼蔵《おおいずみけんぞう》の密告によって検挙された。同年十二月には、中央委員の宮本顕治《みやもとけんじ》らが大泉と小畑達夫《おばたたつお》をリンチして小畑を死に至らしめた（共産党スパイ査問事件）。そして三五年三月、最後の中央委員袴田里見《はかまださとみ》が検挙されて、戦前の共産党は崩壊したのである。

外郭団体の取り締まり

続いて、治安維持法の適用の実態を確認しておこう。

表3に見るように、治安維持法違反の検挙者数は、一九二八年から四〇年までの間に六万五一五三人に上った。特に、三一年から三三年だけで約三万九〇〇〇人である。

一方、二八年から四〇年までの治安維持法違反の起訴者数は五三九七名である。この期間の検挙者の九割以上は、起訴に至らなかったことになる。警察は思想犯を処罰することよりも、その身柄を拘束することに重きを置いていたといえる。

三一〜三三年に検挙者数が急増した理由の一つは、外郭団体を取り締まったためである。外郭団体は、日本共産党の指導を受けて、党に人材や資金を供給する、いわば「党の貯水池」である。ゆえに警保局は、外郭団体が健在である限り共産党は根絶しないと考えたのである。

外郭団体の多くは合法団体であり、結社罪を適用することはできない。せいぜいメンバー

表3　治安維持法違反の処分者数（1928〜40年、単位：人）

年	検挙者数	起訴者数	起訴猶予者数	起訴留保者数
1928	3,426	525	16	0
1929	4,942	339	27	0
1930	6,124	461	292	0
1931	10,422	307	454	67
1932	13,938	646	774	717
1933	14,622	1,285	1,474	1,016
1934	3,994	496	831	626
1935	1,785	113	269	186
1936	2,067	158	328	56
1937	1,312	210	302	0
1938	982	240	382	0
1939	722	388	440	0
1940	817	229	315	0
計	65,153	5,397	5,904	2,668

『増補　特高警察体制史』『現代史資料（45）治安維持法』より作成

個人に目的遂行罪や利益供与罪を適用するにとどまっていた。ただし例外として、日本共産青年同盟（共青）と日本労働組合全国協議会（全協）には結社罪が適用されている。

共青は、一九二三（大正十二）年に発足した青年組織であり、第二次共産党が再建されてからは、共産党に隷属する秘密結社として党の予備軍を育成した。警保局は三・一五事件をきっかけに共青の存在を把握し、共産党と一体をなす結社として位置付けていた。[1]二九年十一月に学連が自主解散した後、学生たちは共青を再結成している。

全協は、三・一五事件で解散した日本労働組合評議会の後身として、一九二八年に発足した。共産党の指導下にあるものの、表向きは合法団体であり、共産党と距離を置こうとする刷新同盟も団体内に組織された。しかし、三二年九月、第一回全協中央委員会は共産党に押し切られるかたちで、三二テーゼを採択する。これにより全協は国体変革を目的とする結社として認定されることになる。

警保局は全協を観察した上で、三三年二月から検挙を開始した。三三年五月には警保局長は一応、第一回全協中央委員会の後に参加した役員や指導者に限り結社罪を適用するよう指示している。[2]もっとも指示は守られず、幹部は根こそぎ検挙され、全協は壊滅状態に陥った。

全協の検挙の皮切りとなったのが、長野県の二・四事件である。この事件は、新興教育研究所（新教）と、全協の下部組織の日本教育労働者組合（教労）から多数の検挙者が出たので、長野県教員赤化事件とも呼ばれる。三三年六月までに教労関係者二三〇名が検挙されたが、教労からは共産党員は見出せず、二九名が目的遂行罪で起訴されている（実は、一人は共青のメンバーだった）。第一審で一三名が実刑判決を受け、一五名が執行猶予となった（一名は公判中に死亡）。起訴を免れたものの、休職や退職を迫られた教員も少なくなかった。

この二・四事件では、目的遂行罪が拡大解釈された。そもそも目的遂行行為とは、本人が共産党との関係を認識しており、党から指令を受けていることが必要であると、第五六議会では説明されていた。しかし二・四事件では、共産党の目的を知っており、かつ全協の下部組織にあたる教労の活動に関与していただけで、目的遂行罪が適用されたのである。

二・四事件に類似した例はほかにもある。三三年九月には、共産党の法廷闘争を支援したという理由で布施辰治《ふせたつじ》らの日本労農弁護団が一斉検挙されている。目的遂行罪はこのように、外郭団体に猛威を振るったのである。

しかし、これは裏を返せば、結社罪では外郭団体を取り締まれなかったことを意味する。取り締まる側にとっては、目的遂行罪を個別に適用するよりも、外郭団体を治安維持法違反の結社として認定してメンバーを一網打尽にした方がはるかに効率的である。三四年の治安維持法改正案は、こうした現場の要望が盛り込まれたのである。

一九三三年の衝撃

一九三三年には、社会的に反響の大きい事件が相次いで起きている。

まずは、三二年十一月から三三年三月の司法官赤化事件である。事件では尾崎陞《おざきすすむ》ら現職の判事四名と裁判所職員五名が検挙され、共産党員の尾崎は結社加入罪で、それ以外の者はカンパや研究会を理由として目的遂行罪が適用された。

この事件は思わぬ余波を生んだ。国士舘専門学校教授で原理日本社の蓑田胸喜《みのだむねき》が、司法官赤化の根源は帝大教授の「赤化」にある、と主張したのである。三三年四月、文部省は京大に対して、教授の瀧川幸辰《たきがわゆきとき》を辞職させるよう勧告した（瀧川は休職のち辞職）。この瀧川事件は、公権力が学説に介入する前例となった。

二月二十日には、プロレタリア作家の小林多喜二が、築地警察署で警視庁特高課労働係長中川成夫《なかがわしげお》の立ち会いのもとで拷問を受け、虐殺されている。事件の直前、作家の江口渙《えぐちかん》は中川成夫から、「おそれ多くも天皇陛下を否定するやつは逆賊だ。そんな逆賊はつかまえしだいぶち殺してもかまわないことになっているんだ。小林多喜二もつかまったが最後いのちはないものと覚悟をしていろと、きみから伝えておいてくれ」と伝えられていたという[3]。三三年三月十五日、江口を委員長として小林の労農葬が執り行われた。

その後の特高警察は、思想犯を萎縮させようと小林の死を吹聴《ふいちょう》した。冤罪《えんざい》事件として有名な横浜事件（一九四二）でも、容疑者は特高課の刑事から「小林多喜二を知っとるか。生かしちゃ帰さぬから覚悟をしろ」と脅されたという[4]。

また、三三年一月の「赤化華族」事件では、学習院OBに共産党の資金網をつくったとして子爵八条隆正《はちじょうたかまさ》の次男隆孟《たかなが》、子爵森俊成《もりとしなり》の長男俊守《としもり》、岩倉具視《いわくらともみ》の曽孫靖子《やすこ》が起訴された。東京地裁は隆孟と俊守に実刑判決を下した（俊守は控訴して執行猶予）。靖子は保釈されたが、三三年十二月に自殺している。「皇室の藩屏《はんぺい》」たる華族が起こした事件は世間を驚かせた。

以上の事件は、治安維持法違反事件の一部にすぎない。三三年までに起訴者総数は三五〇〇人に達しており、事件を迅速に処理する必要が生まれた。このことが、改正の二つ目の目的である「審理の円滑化」につながってくる。

さらに、実際には起訴されない膨大な数の思想犯がいる。三三年までの検挙者総数は、実に五万三〇〇〇人に上る。彼らを更生させるために、刑罰以外の方法が求められたのは必然だった。このことが改正の三つ目の目的である「転向政策の必要性」につながってくる。

国家主義運動の萌芽

さて、一九三〇年代の治安維持法改正の裏の要素には、右翼を担い手とする国家主義運動があった。

そもそも近代日本の右翼は、天皇と皇室を拠《よ》り所にし、対外的な緊張に反発することで存在感を示した。頭山満《とうやまみつる》らの玄洋社《げんようしゃ》、内田良平《うちだりょうへい》の黒龍会《こくりゅうかい》が有名である。大正期には外来思想に対して、司法官僚のボスである平沼騏一郎の国本社などが生まれた。

これら既存の右翼に対して、大正から昭和期にかけては、急進的な国家改造を目指す北一輝《きたいっき》、大川周明《おおかわしゅうめい》、西田税《にしだみつぎ》らの革新右翼が台頭した。彼らは腐敗した政党政治、貧困と不平等を生む資本主義、中国に対して強硬な干渉を避ける幣原外交に不満を抱いており、天皇の権威を借りた「錦旗《きんき》革命論」を主張して革新を正当化した。革新右翼に影響を受けた右翼や軍人は、実力行動によって国家改造を目指す国家主義運動を展開したのである。

国家主義運動は一九三〇年四月のロンドン海軍軍縮条約の締結をきっかけに高揚する。日、米、英の海軍の補助艦の保有量を制限するこの条約に対して、海軍や右翼、政友会から、天皇の統帥権を干犯《かんぱん》するという批判が起こった。右翼による政党内閣に対する挑戦はこれを期として露骨になる。

まず三〇年十一月、浜口雄幸首相が右翼の佐郷屋留雄《さごうやとめお》に狙撃されて重傷を負う。また、三一年三月には、陸軍青年将校の桜会《さくらかい》と大川周明らの民間右翼、無産政党の一部が、宇垣一成《うがきかずしげ》陸相を首相に擁立しようとする三月事件が起こる。そして九月、関東軍が中国の東三省《とうさんしょう》を制圧する満洲事変が勃発すると、事変に呼応して若槻礼次郎首相を暗殺して荒木貞夫《あらきさだお》陸軍中将を擁立しようとする、桜会と右翼の計画が露見している（十月事件）。さらに三二年二〜三月には、政党や財閥を標的としたテロの血盟団《けつめいだん》事件が起こった。

ここに至って内務省は右翼対策に乗り出し、政友会と民政党はそれぞれ議会政治の擁護を表明した。だが三二年五月十五日には、陸海軍の軍人が犬養毅首相を暗殺する、五・一五事件が発生してしまう。政党内閣の時代はこうして終焉を迎えたのである。

五・一五事件の後、海軍大将の斎藤実《まこと》内閣では、内務省は国家主義運動の取り締まりを優先課題とした。三二年六月、警視庁は特別高等警察部を設置し、右翼犯罪を専門とする特高課第二係を設けている。三三年中には神兵隊《しんぺいたい》事件などのテロ計画を未然に防いだ。

ただし、警察は、国家主義運動を抑制するよりも、運動が合法的な範囲にとどまるよう指導し、結果として手心を加える傾向があった。もちろん、警察の職務は治安を維持することだったが、国家主義運動が「忠君愛国」を掲げている以上、暴力に行動を移さない限りは取り締まりにくいというのが警察の本音だった。

また三三年までは、観念的な「皇道」を唱える荒木貞夫が陸相を務め、彼に近い陸軍皇道派が陸軍中央の人事を押さえた。青年将校たちは荒木による革新に期待し、実行行動を控えていた。警察も陸軍の中に手を伸ばすことは容易でなかった。

それでも、国家主義運動は今そこにある脅威として存在していた。これは暴力で政権にダメージを与えるという点で、共産党よりも切迫した課題だった。そこで浮上したのが、治安維持法にテロを罰する規定を盛り込む案だった。

2　転向

何が問題か

一九三〇年代に入ると、司法省は思想犯の転向政策を推進した。これが治安維持法改正案の二つ目の背景となる。

そもそも、転向とは何だろうか。一つは「権力によって強制されたためにおこる思想の変化」という定義である。[5] これに従えば、転向には権力からの強制・誘導と、内面における思想の変化という二つの側面があることになる。

戦後の一時期には、非転向者を模範として、転向した者を糾弾する風潮があった。戦後の日本共産党はこの典型である。反対に、転向は一種の現実主義であり、非転向こそ偽善者であるという見方もあった。いずれの見方も、転向を語る上で個人の道義的責任を問うているといえる。

清水幾太郎は、一九七八年に次のような転向論を述べた。いわく転向とは、コミンテルンに指示された「非常識」な思想（天皇制の転覆）を放棄するよう強迫することである。転向者は日本人の「常識」に回帰したのであって、彼らを「良心を捨てた」と非難することは許されない。[6] この清水の主張に対して、憲法学者の奥平康弘は、権力者の転向政策を正当化する皮相的な論であると批判している。[7] しかし、奥平もあくまで転向政策の制度に着目しており、転向者の内面を追及することは避けている。転向者自身も現実と道義的責任のはざまで葛藤し、口を閉ざす者が多かった。

初期の転向の例として、日本共産党労働者派（解党派）がある。二九（昭和四）年五月、水野《みずの》成夫《しげお》ら共産党の中堅グループは、二七テーゼのうち「君主制廃止」「皇室の土地没収」を撤回することを宣言した。水野を説得した東京地裁検事の平田勲《ひらたいさお》は、「国体変革」に関する主張を放棄させる一方で、「私有財産制度否認」については容認しようとすらしたのである。[8]

個々の説得を重ねるなかで、司法省は、思想犯は確信犯であり、普通犯罪と同じ方法で改悛させることは困難である、という見方を強めていく。一九三〇年の司法省の報告書には、軽度の思想犯は拘禁せず遠島や国外追放にする、危険な者は長期間禁錮した上で面会や読書の自由を認めるといった提案もある。思想犯を社会から隔離しようとしたのである。[9]

もっとも、三二年までは共産党の検挙が進行中であり、司法省には転向政策を推し進める余裕はなかった。当面は、共産党の活動に今後参加しないことを約束させるにとどまった。

検挙から公判まで

しかし、一九三二年以降、治安維持法の検挙者が激増したことで事態は一変する。容疑者の多くは起訴に至らず、共産党員でない限りは執行猶予付の判決が常だった。膨大な数の思想犯が社会に戻ることを受け、司法省は転向政策を重視することになる。

転向の働きかけは、思想犯が警察に検挙される時点で始まる。警察はそのほかにも、行政執行法の行政検束を用いたり、違警罪即決例《いけいざいそっけつれい》を用いて拘留刑を科すなど、裁判所の令状なしに思想犯を拘束することができた。行政検束ならば面会は許されたが、留置場で劣悪な環境に一年以上も留め置かれる場合もあった。思想犯は動揺することになる。

検事局に送致された思想犯は、拘置所で検察の取り調べを受ける。拘置所では入浴や差入れが許されたが、身体を壊す者が後を絶たなかった。長期間の勾留《こうりゅう》に耐えられず転向を表明する者も少なくなかった。

また、検事は転向を促すために起訴留保を用いた。これは、被疑者を身元引受人に預けて六ヵ月から一年間経過を視察し、改悛の状況を見て起訴を決定する制度であり、学生や良家の子女を救済する措置として検察が考案したものだった。[10] 三二年十二月に司法大臣の訓令のかたちで正式に認められ、三六年まで用いられた。

起訴された被告人は予審から公判に入る。被告人は公判を回避するか、保釈や責付《せきふ》(身元引受人が被告人を預かる)を得るか、あるいは執行猶予を勝ち取るため、転向を表明した。

もちろん、全ての転向者が減刑されたわけではない。二・四事件のある第一審では、裁判長の石田弘吉《いしだこうきち》は、被告人の転向を認めず実刑判決を下した。石田の元同僚は、「転向さえすれば何でもかんでも刑の執行猶予する傾向ある今日、被告等の転向は欺瞞《ぎまん》であるとして断然実刑とは近頃の名裁判と思います」と賛辞の手紙を送っている。[11] 司法の現場では表面的な転向を訝《いぶか》る者もいたのである。

大量転向の時代

一九三三年は、獄中でも共産党員が大量に転向するという画期となった。

きっかけは、日本共産党中央委員の佐野学と鍋山貞親が六月八日に公表した転向声明書である。声明書は、ソ連の従属機関と化したコミンテルンを痛烈に批判し、三二テーゼの天皇制打倒を撤回している。背景には、国民が満洲事変を支持して右傾化していた事情があった。佐野と鍋山はナショナリズムにすり寄ることで大衆の支持を得ようとしたのである。二人の転向を受けて、獄中の共産党幹部は次々と転向を表明し、一般の党員やシンパも党に対する失望からやはり転向した。

一方で、佐野と鍋山は、「私有財産制度否認」については撤回せず、日本独自の一国社会主義を主張した。転向者のなかには、天皇制との対立を避けながら共産主義を模索する者もおり、警察や検察から擬装転向を疑われる伏線にもなった。

続いて、一九三三年の大量転向を数字から確認しておこう。

司法省行刑局によれば、三三年七月末時点の転向者は、未決囚四一五名、既決囚一三三名の計五四八名だった。これは思想犯の約三割にあたる。転向の動機としては、家庭愛二一七名、拘禁による反省一四一名、図書閲読五五名、生活関係（妻子の扶養など）三〇名、教誨《きょうかい》指導二五名、佐野・鍋山の転向の影響二四名、健康関係一七名、時局の重大性による反省一六名、性格関係一一名、民族的自覚八名である。[12] もちろん動機は一つとは限らないが、家族関係は以後も動機のトップを飾った。

三三年七月時点では運動からの離脱も転向として認められていた。しかし、行刑局は三三年末には思想犯を「転向者」「準転向者」「非転向者」に区別している。この基準では、共産主義を放棄することが転向の証《あかし》となり、個人の内面に介入する域に達したのである。

①転向者
い　革命思想を抛棄《ほうき》し一切の社会運動より離脱せんことを誓いたる者
ろ　革命思想を抛棄し将来合法的社会運動に進出せんとする者
は　革命思想を抛棄したるも合法的社会運動に対する態度未定の者
②準転向者
に　懐包する革命思想に動揺を来《きた》し将来之《これ》を抛棄するの見込ある者
③非転向者
ほ　革命思想は抛棄せざるも将来一切の社会運動より離脱せんことを誓いたる者

表４　治安維持法違反受刑者の転向状況（1933年11月末時点、単位：人）

転向の動機	転向者				準転向者			動機合計	動機（%）
	い	ろ	は	計	に	ほ	計		
信仰上	36	0	1	37	9	0	9	46	12.6
近親愛その他家族関係	64	6	8	78	52	17	69	147	40.3
共産主義理論の清算	11	4	3	18	14	0	14	32	8.7
国民的自覚	22	1	5	28	29	1	30	58	15.9
性格、健康など身上関係	6	0	4	10	12	6	18	28	7.7
拘禁による後悔	6	0	5	11	24	2	26	37	10.1
その他	1	0	1	2	10	5	15	17	4.7
状態総計	146	11	27	184	150	31	181	365	
状態（%）	40.0	3.0	7.4	50.4	41.1	8.5	49.6		

『治安維持法関係資料集』第二巻、「思想行刑参考資料」より作成

表５　治安維持法違反受刑者の転向状況（1934年９月末時点、単位：人）

転向の動機	転向者				準転向者			動機合計	動機（%）
	い	ろ	は	計	に	ほ	計		
信仰上	35	1	2	38	5	1	6	44	8.5
近親愛その他家族関係	125	8	17	150	70	12	82	232	44.6
共産主義理論の清算	34	3	5	42	17	1	18	60	11.5
国民的自覚	39	6	12	57	33	1	34	91	17.5
性格、健康など身上関係	14	0	3	17	9	6	15	32	6.2
拘禁による後悔	5	2	4	11	29	5	34	45	8.7
その他	1	0	2	3	8	5	13	16	3.1
状態総計	253	20	45	318	171	31	202	520	
状態（%）	48.7	3.8	8.7	61.2	32.9	5.9	38.8		

1934年10月30日司法省行刑局長発「治安維持法違反受刑者成績調送付の件」より作成

表4は、右の基準にもとづいて、三三年十一月時点での受刑者の転向を分類したものである。転向者と準転向者はほぼ同数である（非転向者は一三七名）。さらに一年経った三四年九月時点の数値（表5）は、転向者が準転向者を大きく上回っている。転向政策は、数字の上では成果を挙げたことになる。なお、三三年九月に服役した河上肇は、運動に関わらないことを表明したが、表5の時点では「拘禁による後悔」を動機とする準転向者（に―六）に分類されている。[13]

しかしながら、思想の放棄を基準とする転向政策には問題があった。すなわち、転向者が思想を放棄したかどうかを確認する術《すべ》はない。実際、転向者の多くは内心では思想を維持していた。[14]警察や検察も擬装転向を疑い、転向した者が再び思想に染まることを恐れていた。

結局、司法省は、思想犯の行動の自由を制限する方針へと転換した。そのために必要とした制度が、転向者を監視する保護観察と非転向者を隔離する予防拘禁だった。三四年の治安維持法改正案はこの二つを整備する狙いがあった。

3　再改正の挫折

一九三四年の改正案

それでは一九三四（昭和九）年の改正案の特徴を見てみよう。

治安維持法改正案はまず、三四年の第六五議会に提出された。この時は司法省も内務省も、現場の要望を踏まえて改正に乗り気だった。

改正案の原型は、斎藤内閣が三三年四月に設置した「思想対策協議委員」に見出せる。四月中旬に警保局が提出した答申草案は、「取締法令の整備」として次の四項目を挙げた。

一、国体変革に関する罪に対しては特に立法を考慮すること

二、思想犯罪に対する特別裁判手続法を制定すること

三、矯激なる右翼社会運動取り締まりに関する適切なる立法を考慮すること

四、結社其の他の取り締まりに関する治安警察法の改正を考慮すること[15]

司法省も三三年六月には改正案の起草に着手したらしい。司法省が七月に思想対策協議委員に提出した答申では、外郭団体の罰則、保護観察、予防拘禁などを含んでいる。司法省刑事局は三三年十二月十三日、治安維持法改正案の草案をまとめ、三四年一月上旬までに、内務省とともに改正案を完成させている。

三四年の改正案は、「第一章　総則」「第二章　罰則」「第三章　刑事手続」「第四章　保護観察」「第五章　予防拘禁」の五章からなる。次の七点が主なポイントである。

①国体変革の罪と私有財産制度否認の罪を分けて前者に重い刑を科した。

②国体変革を目的とする結社を支援する結社、いわゆる外郭団体に対する罰則を設けた。

③国体変革に関する宣伝罪を設けた。これにより、個人の宣伝や言論を取り締まることも可能となるはずだった。

④検事の強制捜査権を認めた。これにより、検事は裁判所の令状なく被疑者を勾引《こういん》・勾留《こうりゅう》することが可能となる。

⑤事件の管轄を別の裁判所に移転することを認めた。これにより、思想犯罪に長《た》けた裁判所で迅速な審理を行うことが期待された。

⑥保護観察制度を導入した。これは、起訴猶予の者と執行猶予の者を対象に、一定の期間保護を名目とした観察を行う制度である。社会に復帰した思想犯に転向を促すとともに、再犯を防止することが目的だった。

⑦予防拘禁制度を設けた。これは、国体変革に関する罪の刑期終了者のうち、再犯の恐れがある者を施設に拘禁するものであり、非転向者を社会から隔離する制度といえる。

このうち①②③は、目的遂行罪の拡大適用を既成事実にするためと見るべきである。しかし、治安維持法の検挙者数は三三年で峠を越えていたから、真に必要だったかは疑問である。むしろ司法省の本命は、転向政策に関わる⑥と⑦であったと見るべきである。

第六五議会の攻防

一九三四年二月一日、斎藤内閣は第六五議会に治安維持法改正案を提出した。議会での最大の争点は、改正案にはない国家主義運動の取り締まりだった。

第一の問題は、暴力行為を準備する右翼団体への取り締まり強化が、盛り込まれなかったことである。司法省は、他の取締法（刑法の内乱予備罪・陰謀罪、殺人予備罪、放火予備罪と爆発物取締規則）を適用すればよいと回答したが、実は、司法省の草案にも暴力によって治安を害することを目的とする結社の罰則があった。しかし、これは削除されている。[16]

政友会と民政党は右翼団体に対する罰則を要求するだけでなく、朝憲を紊乱する目的で多数共同して人の生命、身体、財産に害を加えようとする者を罰する修正案を用意している。[17]これに反対したのが松本学《まつもとまなぶ》警保局長である。松本は、右翼思想は共産主義と違って体系化しておらず、思想として取り締まることが難しい、また、テロを起こした右翼は一時的に集まった「党与」にすぎず、テロ行為は「一時的の現象」である、と反論した。

松本は戦後になって、「本法〔治安維持法〕は左翼運動と国体否認の運動を取り扱う独特な限局された法規だから、その中に単純な右翼的暴力運動を規定することになればあたかも木に竹をついだようなものとなり、治安維持法の特色を損い権威が失われてしまう」とも語っている。[18] 松本の答弁には右翼に甘いところがあったが、共産主義以外に対象を拡大させまいとする意思を見出すこともできる。

第二の問題は、議会政治を否認するファシズムの取り締まりである。一九三二年のドイツにおけるナチス政権の成立によって、ファシズムは日本でも知られるところとなった。既成政党は議会政治に対する脅威を防ごうとし、「政体変革」に対する罰則を追加するよう主張している。

だが、内務省はこれにも反対した。理由は、①右翼団体は政党を批判しているのであって、議会制度の否認にはあたらない、②議会制度の否認は出版法、新聞紙法、内乱罪、内乱予備罪で取り締まれる、③一九二五年の法案では「政体変革」条項が削除された。[19] ③についておさらいすると、一九二五年の治安維持法案の「政体変革」条項は、衆議院の変革を罰することで、建前としては議会政治の保護を謳っていた。しかし、革新倶楽部の清瀬一郎たちは、貴族院改革や枢密院改革すらも処罰の対象となることを懸念して、「政体」を条文から削除するよう主張し、政府に要求を呑《の》ませたのである。

一九二五年の「政体」については、内務省と司法省にとって、「国体」を活かす犠牲フライとする見方もある。[20] しかし、それは同時に、一九二〇年代の政党が、政治活動の自由を守るために勝ち取った成果である。それに比べて一九三〇年代の政党は、テロから我が身を守るため「政体変革」を復活させようとしていた。このことは政党の凋落《ちょうらく》を如実に表していた。

第三の問題は、国家社会主義の取り締まりである。

国家主義運動には、左翼から右傾化した国家社会主義者も参加した。たとえば、社会民衆党の赤松克麿は、大川周明らとともに三一年九月に日本国家社会主義研究所を発足させている。彼らは国家主導の社会主義政策を目指す点で、資本主義を打破しようとする革新右翼に通じるところがあった。

これに対して政党は、国家社会主義者のなかには、実質的に「私有財産制度否認」を目的とする勢力があると追及している。

槍玉《やりだま》に挙がったのが、早稲田大学教授で社会政策を専門とする林癸未夫《はやしきみお》である。林は著書『国家社会主義原理』（一九三二）で資本主義を痛烈に批判し、資本を公有にして営利性を剝奪《はくだつ》するよう主張していた。[21] 林は赤松克麿たちに共鳴して、国家社会主義政党の準備運動にも参加している。追及を受けた司法省は、林の主張が「私有財産制度否認」に該当することを認めた。その後、林は運動とは距離を置いたようである。

こうして衆議院は大いに揉《も》めたが、松本学警保局長と木村尚達《きむらしょうたつ》刑事局長が説得にあたり、政友会は罰則を取り下げた。民政党は罰則を提出したものの、これは否決された。

しかし波瀾《はらん》は起こった。貴族院は元内務官僚の勅選議員を中心に、国家主義運動を狙い撃ちにした罰則を設けるよう主張する意見が強く、次の修正案を可決している。傍点は一九二五年の「政体変革」の復活を目指したと見て差し支えない。

第八条　私有財産制度を否認し又は憲法の定むる統治組織の機能を不法に変壊することを目的として結社を組織したる者又は情を知りて結社に加入したる者若《も》しくは結社の目的遂行の為にする行為を為したる者は十年以下の懲役又は禁錮に処す

（傍点は貴族院特別委員会での追加部分）

さらに貴族院では、予防拘禁に反対する意見が噴出し、最終的に予防拘禁の部分を全部削除するという異例の修正案が可決された。

議会最終日の三月二十五日、小山松吉法相と松本学は一計を案じて、両院協議会を開いた。ここでは、あくまで修正を主張する貴族院と、修正を撤回させようとする衆議院が平行線をたどり、法案は廃案となった。内務省と司法省は不本意な改正よりも、あえて廃案にする途を選んだのである。

なお、この議会では出版法が改正され、禁止事項に皇室の尊厳冒瀆が明記された。

一九三五年の改正案

三四年の改正案は挫折したものの、内務省と司法省は翌三五年の第六七議会に再び治安維持法改正案を提出する。

治安維持法改正案は、前回の二つの問題、予防拘禁と右翼の罰則に関する件をクリアする必要があった。

第一に、司法省は予防拘禁を削除した。小原直《おはらなおし》法相は、行政処分で人身を拘束することに批判があったと説明しており、議会の反発を見越して取り下げたとも考えられる。ただし、改正案では、保護観察の対象に予防拘禁の対象だった刑期終了者と仮出獄者を加えている。これにより、実際の運営では予防拘禁を肩代わりすることが期待された。

第二に、右翼に対する罰則は、治安維持法とは別の法案として提出された。三四年中も国家主義運動は盛んであり、重臣の暗殺を狙う右翼テロも発覚している。十一月には、要人襲撃とクーデターの容疑で陸軍皇道派の将校が検挙された（士官学校事件）。こうした事件を背景として、司法省は、生命・身体を害する暴力行為を目的とした「党与」を処罰する「不法党与等処罰に関する法律案」を作成している。内務省はなかなか同意しなかったが、三五年三月二日に「不法団結等処罰に関する法律案」が閣議で決定している。

ただし、二つの法案が第六七議会に提出されたのは、三月四日のことである。時期が遅いだけでなく、当時の岡田《おかだ》啓介《けいすけ》内閣では衆議院の過半数を占める政友会が野党に回っており、成立の見込みは薄かった。さらに第六七議会は、いわゆる天皇機関説事件のただ中にあった。

天皇機関説事件

天皇機関説事件は、官界の通説だった美濃部達吉の憲法学説が批判を浴びて騒動となった結果、岡田内閣がこの学説を公式に否定した事件である。

三五年二月十八日の貴族院本会議で、貴族院議員の菊池《きくち》武夫《たけお》は、美濃部の学説は「国体」を否定する不敬な学説である、と批判した。貴族院議員の美濃部は、同月二十五日の貴族院本会議で弁明した。しかし、右翼や政友会が批判をやめず、騒動が拡大した。

天皇機関説は、美濃部の師の一木《いちき》喜徳郎《きとくろう》の説を発展させた学説である。日本の統治権は法人としての国家にあり、天皇は国家の機関として統治権を総攬する。天皇の大権は憲法の条規を超えることはなく、天皇は助言者の補佐を受けて統治権を行使する。そして天皇は無答責であり政治的責任を負わない。「君臨すれども統治せず」という立憲君主の理想形を示した学説は、官界の通説と認められていた。

ただ、美濃部は「国体」を用いなかったため、議会では「国体」の定義をめぐって物議を醸した。岡田啓介首相は、機関説には不賛成だが学説の是非には立ち入らないとの答弁を繰り返したが、政友会は、機関説に対する内閣の見解を執拗に問い質した。三月二十三日、衆議院本会議が国体明徴決議案を可決したこの日、治安維持法案特別委員会では、小原法相が「機関説は国体の本義に背く」ことをついに認めている。

機関説は、衆議院の優越を認めて政党内閣を正当化する学説であり、これを政争に利用した政友会は褒められたものではない。だが皮肉なことに、機関説事件が揉めたおかげで治安維持法改正案の審議は滞り、廃案となったのである。

議会閉会後、陸軍皇道派は在郷軍人会を動員して機関説批判を焚《た》きつけ、林銑十郎《はやしせんじゅうろう》陸相らの陸軍統制派を攻撃した。岡田内閣は騒動を鎮めるために三五年八月、国体明徴声明を発表し、九月には美濃部が貴族院議員を辞職した。それでも批判はやまないため、岡田内閣は十月の第二次国体明徴声明で機関説を否定して、ようやく騒動は収まった。

しかし、陸軍の派閥対立は青年将校に火をつけ、彼らをクーデターに走らせた。三六年二月二十六日、青年将校の率いる部隊は斎藤実内大臣、高橋是清蔵相、渡辺錠太郎《わたなべじょうたろう》教育総監を殺害した。二・二六事件である。この行動に昭和天皇は激怒し、反乱部隊は鎮圧された。青年将校の思想に影響を与えたとされる革新右翼の北一輝と西田税を含む一七名が死刑となった。

二・二六事件を契機として陸軍の派閥は粛清され、右翼の犯罪もしばらくはなりを潜めた。一九三六年には右翼の怪文書を取り締まる不穏文書臨時取締法が成立している。しかし、右翼を直接的に取り締まる法案が提出されることはついになかった。

4　膨張の過程

第二次大本教事件

一九三〇年代の治安維持法の改正は挫折した。しかし、むしろ改正に失敗した後、治安維持法は拡大適用を続けた。

拡大適用の端緒となったのが、一九三五（昭和十）年十二月の第二次大本《おおもと》教事件である。この事件は、国家主義運動に治安維持法が適用された唯一の事例でもある。

皇道大本《こうどうおおもと》は日露戦争後に勃興した新興宗教であり、大正期には日米開戦を説いて官僚や軍人からも支持を集めた。一九二一（大正十）年に不敬罪で検挙されたが（第一次大本教事件）、一九二七年以降、出口王仁三郎《でぐちおにさぶろう》のもとで再建を果たした。

三〇年代に入ると、皇道大本は下部団体を次々に組織し、国家主義運動に参入する。なかでも昭和神聖会は、三四～三五年に一大ムーブメントとなった国家改造上奏請願運動に参加して、天皇機関説排撃、ロンドン条約脱退のキャンペーンを展開している。

皇道大本の根拠地を管轄する京都府特高課は、三四年の時点で、昭和神聖会が皇道大本のコントロール下にあることを警戒していた。[22] そして内務省は、公称四〇万人と言われる皇道大本が国家主義運動に参入することを恐れ、組織の根絶に踏み切ったのである。

三五年十二月、京都府特高課は出口王仁三郎らを不敬罪、出版法違反、治安維持法違反容疑で検挙した。三六年三月十三日に六一名が起訴され、同じ日に皇道大本、昭和神聖会などの関連八団体が治安警察法によって結社を禁止された。

内務省には皇道大本の政治運動を阻止するという明確な目的があった。予審調書は、出口王仁三郎が日本の統治者となることを目的とした結社と認定しており、これは特高課の見解に沿ったものだという。[23] 四〇年二月の第一審判決は、全員を治安維持法違反で有罪とした。しかし、これはさすがに強引だった。四二年七月の第二審判決は不敬罪、出版法違反の九名を除いて被告人四〇名を無罪としている。

第二次大本教事件の後、内務省は宗教結社の取り締まりを断行した。茨城県の天津《あまつ》教、兵

表6　宗教団体の治安維持法違反事件（1935〜39年、単位：人）

団体名	検挙開始時期	検挙者	起訴者	起訴猶予	起訴留保
皇道大本	1935年12月	940	61	178	3
新興仏教青年同盟	1937年10月	138	29	53	—
天理本道	1938年11月	380	234	79	—
三理三腹元	1938年11月	18	6	1	—
天理神之口明場所	1938年11月	14	6	8	—
天理三輪講	1939年６月	13	8	4	—
灯台社	1939年６月	95	1	1	—

『治安維持法関係資料集』第二巻、「第二次治安維持法に関する諸統計（日本国内〔一〕)」より作成。新興仏教青年同盟は人民戦線事件に連座しており、他の宗教団体とは性格を異にする。

庫県の神政竜神会《しんせいりゅうじんかい》、大阪府のひとのみち教団（ＰＬ教団の前身）が、国体を否認する「邪教」として治安警察法により結社を禁止され、不敬罪容疑で起訴されている。また、奈良の天理《てんり》教は三五年十二月に脱税容疑で検挙され、実質的な弾圧に遭った。

そして、治安維持法違反で起訴された宗教団体は、**表6**のとおりである。天理本道《ほんみち》、三理三腹元、天理神之《かみの》口《くち》明場《あけば》所《しょ》、天理三輪講《さんりんこう》は天理教の分派、灯台社はキリスト教系団体にあたる。しかし、これらの教団は、教義から国体変革の積極的な意思を見出すことは困難であり、やはり強引に解釈されたものだった。

確実に言えるのは、治安維持法を宗教団体に拡大適用する途を開いたのは、内務省だったということである。当時の内務省は国家主義運動を警戒しており、皇道大本が傘下の組織を通じて国家改造上奏運動に接近していたことを見逃さなかった。しかし、内務省が反対したこともあって、治安維持法には国家主義運動を取り締まる罰則は存在しなかった。そこで内務省は、「国体変革」の罪を皇道大本に強引に当てはめ、宗教団体に治安維持法を適用する前例を作ってしまったのである。そして、もともとは国家主義運動に対する変則的な適用が、宗教団体に対する罰則へとつながることになる。

なお、三九年に宗教団体法が成立し、国家による宗教団体への統制が強化されている。

思想犯保護観察法

治安維持法の改正が挫折した後、司法省は取り急ぎ転向政策に必要な法案として、一九三六年の第六九議会に思想犯保護観察法案を提出する。

犯罪者の保護観察制度は、一九世紀のアメリカを起源としてヨーロッパに広まったものであり、日本では一九二二年（大正十二）の少年法で導入された。思想犯を対象とした保護観察制度は日本が初めてである。

思想犯保護観察法案の責任者は、司法省保護課長の森山武市郎《もりやまたけいちろう》である。森山は思想検事を務めた後、三五年に保護課長となり、保護観察制度を牽引した。一方、思想犯を社会に解放する上、在野において危険と思われる人物を特高警察が視察する思想要視察人・要注意人制度と重複することから、内務省は法案に反対した。しかし、森山は説得を重ねて同意を得ることに成功し、三六年の第六九議会に提出するまでにこぎつけ、成立に至ったのである。

三五年の治安維持法改正案と比べた主な変更点は三点ある。

第一に、三五年の改正案では保護観察の決定権は検事にあったが、保護観察処分は、検事正、裁判所長、警察部長、弁護士などからなる保護観察審査会が決定した。裁判所が処分を決定すべきだという反対意見を踏まえて、折衷的な審査会方式としたのだろう。

第二に、保護観察所は対象者の居住、交友、通信を制限できた。

第三に、保護観察の期間は二年を上限とした（更新可能）。

衆議院では、労農無産協議会の加藤勘十《かとうかんじゅう》が反対論を繰り広げた。加藤は、治安維持法違反者の再犯率は三％と低いこと（通常犯罪は三五％）、憲法に定める居住・信書の自由を侵害することを指摘している。また加藤は、法律の形態が「保護観察」であっても運用では「監視取締」に主眼が置かれるようになるだろう、と苦言を呈している。結局、思想犯保護観察法案は原案のまま成立し、三六年十一月二十日に施行された（全文は巻末の関係法令文を参照）。同法の施行に伴い、治安維持法違反者に対する起訴留保は禁止された。

保護観察は全国二二ヵ所の保護観察所が行った。所長は思想検事が転任ないし兼任したから、運営の主導権は検事が握ったといってよい。東京保護観察所の場合、審査会は月に二回の頻度であり、一回につき一五〜二〇名を審査した。職員の保護司が観察を行い、場合によっては保護者に身元を預けた。保護事業団体、寺院、教会、病院などに身柄を引き渡すこともあった。

そして思想犯の社会復帰を促すことも、保護観察所の務めである。具体的には、思想犯と家族の就職の斡旋《あっせん》や結婚の仲介であり、職業訓練や授産も行われた。保護観察制度には監視という面があったことは紛れもないが、同時に保護を目指したといえる。

保護観察の数字としては、三六年十一月から四四年六月までの通算で、保護観察所が受理した者は八七一〇人、保護観察所が保護観察審査会に審査を求めた者は五三五三人という。[24] 受理された内訳は、起訴猶予者四一三五人、執行猶予者二四四九人、満期釈放者一〇六七人、仮釈放者一〇五九人となっている。

なお、思想犯の転向には、民間の保護事業団体も大きな役割を果たした。その一つ、半民半官の帝国更新会では、元共産党員で転向者の小林杜人《もりと》が思想犯の職業斡旋を担当していた。また、政府からの完全な独立はないものの、転向者の自主性を重んじる団体もあった。

転向基準の厳格化

さて、思想犯保護観察法の成立を契機として、司法省は一九三六年末に転向の基準をさらに厳格化する。すなわち「日本精神」の体得を思想犯に要求したのである。

第一段階　マルクス主義の正当性を主張し又は是認する者
第二段階　マルクス主義に対しては、全く又は一応無批判的にして今尚《な》お自由主義、個人主義的態度を否定し得ざる者
第三段階　マルクス主義を批判する程度に至りたる者
第四段階　完全に日本精神を理解せりと認めらるるに至りたる者
第五段階　日本精神を体得して実践躬行《きゅうこう》の域に到達せる者[25]

転向の基準は、少なくとも第四段階に到達することが条件とされた。

司法省が「日本精神」を掲げたのは、一九三〇年代半ばに見られた反応の一つと見てよい。当時の日本では、共産主義に対して、アンチ（「反共」）やカウンター（「防共」）だけでなく、日本固有の価値観としての「日本精神」「日本主義」をもって対抗することがもてはやされた。「思想には思想をもって」の亜流といえる。元警保局長の松本学は、プロレタリア文化連盟に着想を得て、芸術団体や文化団体を傘下に置いた日本文化連盟を組織している。[26]

こうした「日本精神」の賞揚は、三七年七月に日中戦争が勃発して、日本が戦時体制に突入したことで決定的となった。すなわち政府は、転向者を総動員体制に組み込み、戦地での

宣撫班《せんぶはん》として宣伝活動などに協力させたのである。三八年以降は転向の基準が繰り上がり、最高位の第五段階が目標とされるようになる。

問題は、「日本精神」が排斥したのは共産主義に限らなかったという点である。転向の基準の第二段階を見てもわかるとおり、自由主義や個人主義に対して批判的な態度をとるよう転向者を指導することが、現場の保護観察所に求められていたことがわかる。一九二〇年代のデモクラシーの思想はすっかりなりを潜め、政党も力を失っていたことを如実に示していた。

かといって、「日本精神」とは何かについて、司法省も必ずしも明確な答えを用意していなかった。基準を作成したはずの森山にしても明確な見解を示したとは言いがたい。戦争という状況で、ナショナリズムあるいは右傾思想がもてはやされることは世の常であり、司法省も便乗したはずである。しかし、共産主義に匹敵するイデオロギーとして「日本精神」が体系化することはついになかったのである。

人民戦線事件

三五年三月に共産党が壊滅した後、特高警察には余裕すら生まれていた。だが、同年七月にモスクワで開かれたコミンテルン第七回大会で新たな展開を迎える。

すなわちコミンテルンは、これまで敵対してきた社会民主主義勢力と提携して反ファシズム人民戦線を結成することを宣言した。これはドイツのナチス政権への対抗を意図したものであり、世界的な人民戦線運動の幕開きとなった。日本へは三六年二月に「日本の共産主義者へのてがみ」として伝えられる。

人民戦線運動の主体となったのが、山川均らが一九二七年に創刊した同人雑誌『労農』を中心とするグループである。彼らは二七年以降、一段階革命論（プロレタリア革命）に立ってコミンテルンに反発し、合法運動に移っていた。労農派に同調する教授グループとして、大内兵衛、有沢広巳《ありさわひろみ》、脇村義太郎《わきむらよしたろう》、美濃部亮吉《りょうきち》、高橋正雄《まさお》らがいた。

この労農派と対立するグループとして、講座派があった。彼らは『日本資本主義発達史講座』（岩波書店、一九三二〜三三）に参加した学者グループであり、二段階革命論（ブルジョワ革命とプロレタリア革命）に立って共産党の理論を構築した。三六年七月には、講座派の学者たちが共産党再建の「指導体」と見なされ、警視庁に検挙された（コム・アカデミー事件）。しかし、講座派が党の再建を計画した事実はなかった。このコム・アカデミー事件以降、共産党再建運動に対する取り締まりは強化され、緩やかなグループを含めて軒並み検挙された（三七年十月の新興仏教青年同盟もこれに含まれる）。

また、労農派とともに反ファッショ統一戦線を率いた無産政党として、衆議院議員の加藤勘十と東京市会議員の鈴木茂三郎らが三七年三月に結成した日本無産党がある。三七年七月に日中戦争が勃発してから、運動は反戦運動の色彩を帯びていった。

しかし、合法運動である人民戦線も長くはもたなかった。三七年十二月十五日には、日本無産党、労農派グループ、教授グループの関係者四四六名が検挙された。二十二日、無産党とその支持団体であった日本労働組合全国評議会（全評）は結社を禁止された。三八年二月一日には、労農派の教授グループを含む三八名を検挙している。

この人民戦線事件には治安維持法の性質からして大いに問題があった。そもそも労農派は結社とは呼べないグループであって、活動も合法運動の範囲に収まっていた。そして反ファッショ統一戦線も、「国体変革」を目指したわけではなかった。したがって検察は、治安維持法を適用するために強引な解釈を用いることになる。

第一に、労農派の目的は、「窮極に於て」プロレタリア独裁＝「国体変革」にあると解釈した。つまり、合法運動を行っていても、究極的には国体変革を目的とした結社である、というのである。

第二に、反ファッショ統一戦線について、その標的とする「ファシズム」の中には国体＝天皇制が含まれている、という解釈をとった。したがってファシズムの打倒は「国体変革」にあたるというのである。[27] これにより日本無産党は、「国体変革」を目的とする結社に認定されてしまった。

反ファッショ統一戦線は、社会民主主義、自由主義、反戦運動と多様な性格を持っていた。司法省には自由主義や民主主義を共産主義の温床と見なす意見もあり、警保局はこれに追従した。「普通なら、あの〈労農派〉なんていうのを、むやみにそう追究する必要はないと考えるが、しかし、その当時の軍部や右翼の動向を考えると、左翼に対しては強い態度でいかざるを得なくなる」とは保安課長の清水重夫《しげお》の弁明である。[28] こうして自由主義者や反戦運動に対しても、治安維持法を適用する下地が生まれることになる。

以上見たように、人民戦線事件は治安維持法が拡大適用された典型例である。立件するには無理のある事件であり、治安維持法を適用することに困難を覚える検事や判事、警察官は決して少なくなかった。

膨張の行き着く先

さて、本章では、一九三〇年代に治安維持法が膨張していく様子をたどってきた。

内務省と司法省は、法律と現状との間に齟齬を認めると、まずは拡大解釈によって応急処置をとり、それが困難になると法改正で穴を埋めようとした。改正を要求したきっかけの一つが、数万人に及ぶ外郭団体の取り締まりである。

三四、三五年の治安維持法の改正案はいずれも失敗した。もっとも、外郭団体は三三年に収束しており、共産党も三五年までに壊滅したため、保護観察制度を設ける以外は治安維持法の改正を急ぐ必要はないはずだった。

しかし、治安維持法は三〇年代後半も、宗教団体、人民戦線運動へとその適用を拡大していった。

付け加えると、関東大震災の時に大杉栄が殺害された後に衰退していた無政府主義運動にも適用された。殺人罪などを含む三五年十一月の無政府共産党事件である。検察は、無政府共産党の「権力政治及資本制の廃止」という綱領に着目して、ほとんど被告の供述に頼って「権力政治の廃止＝天皇制の撤廃＝国体変革」という論理をつくっている。[29]同じく無政府主義運動への弾圧として、三五年十一月に長野県の農村青年社のメンバーが検挙された。

さらには、研究や文化活動にも治安維持法を適用すべしとする意見が、現場では強まっていた。三七年十一月には、京都の同人活動の『世界文化』『学生評論』『土曜日』の関係者七名が検挙された。また三八年十一月には、検挙を恐れて解散していた戸坂潤《とさかじゅん》ら唯物論研究会のメンバーが次々に検挙された。

芸術活動としては、四〇年八月のプロレタリア演劇の新築地劇団、新協劇団、四〇年十月の京都大学俳句の会に対する適用があった。俳句の会にはさすがに異論もあったが、京都府特高課の方針は覆らなかった。

こうしたなか、思想検事たちも治安維持法がすでに当初の範囲を超えていることを自覚しており、それゆえに改正を希望していた。

ただし、改正はもはや、誰かがリーダーシップを発揮して行うのではなかった。後に予防拘禁所の所長となる思想検事の中村義郎《なかむらよしろう》は、治安維持法について、「制度というものの通弊で、ひとりでに増殖していく」と回顧している[30]。

二八年の改正は、その理由こそ、三・一五事件で結社罪の限界が露呈したという現場の要求があったとはいえ、司法大臣の原嘉道によるトップダウンで行われており、責任の所在は明確だった。一方で、三四、三五年の改正案は、現場の要求を積み上げ、暗黙の了解として成り立とうとするものだった。

治安維持法はもはや、内務省と司法省のつくる治安維持のシステムに組み込まれ、膨大な要求に支えられた、顔の見えない怪物となっていた。

問題は、一九二〇年代ならば内務省と司法省にまだ歯止めをかけられたであろう、政党という存在が、三〇年代にはすっかり存在感を失っていたことである。政権の座から転落した政党は、治安維持法を制御できないばかりか、治安維持法に自分たちの身を守ってもらおうとする有様だった。時には政党政治の自殺というべき態度をとった。また、かつては政党に寄りそい、デモクラシーに理解を示した内務官僚たちも、政争に明け暮れる政党から距離を置くようになった。政党の凋落とデモクラシーの失墜は、治安維持法の膨張を止められなかったことと無関係ではなかろう。

もう一つ、要因を挙げるとすれば、三〇年代に急速に台頭した陸軍の存在である。たとえば、人民戦線事件の労農派を検挙した背景には、近衛《このえ》文麿《ふみまろ》内閣で力を持った反共産主義の陸軍皇道派の圧力があったためだという。これは内務省の責任逃れともとれる弁明である。が、三〇年代には、内務省は陸軍との関係を意識せざるをえなかった。そして日中戦争の勃発によって、陸軍の発言力はさらに増したのである。

以上を踏まえたかたちで、治安維持法は一九四一年に二度目の改正を遂げる。それは拡大適用を既成事実化するものであり、一九二五年制定時から大きく変貌したのである。

第6章　新治安維持法と戦争

この章では、一九四一（昭和十六）年の治安維持法の改正から議論を始める。

この年の改正法は、しばしば新治安維持法と呼ばれる。起草に関わった太田《おおた》耐造《たいぞう》司法省刑事局第六課長が「名は法律改正であるが、其の実質は全く新たな立法と云うに足る大改正である」[1]と語るように、一九二五（大正十四）年の制定時から大幅な変貌を遂げた。

なぜ治安維持法は再び改正を必要としたのか、そして改正と同じ年に開戦した太平洋戦争下、治安維持法はどのように運用されたのかを見ていくのがこの章の目的である。

なお補足として、植民地と外地における治安維持法の運用についても簡潔に述べたい。

1　一九四一年の改正

現場からの要望

一九三五（昭和十）年の改正案が不成立に終わった後、現場の思想検事や判事から改正の要望が上がるのは、一九三八年頃からである。

一つには、人民戦線事件の起訴・不起訴の基準がはっきりしないという事情があった。検事や判事からは、「労農派グループを結社と認むるの可否」（岡山地検）、「所謂《いわゆる》人民戦線運動は治安維持法第一条の適用を受くるものなりや否や」（秋田地裁）のように、一見して合法運動の枠を出ない人民戦線運動を起訴すべきか否か、戸惑いの声が上がっていた。[2] そして検事の困惑を尻目《しりめ》に、裁判所は教授グループを中心に無罪判決を下していった。強引な起訴で自らの首を絞めた思想検事たちが、法改正を望んだのである。

二つには、警察の不法な取り調べを防ぐ要求があった。何度か触れたように、警察は被疑者を不法に拘束し、拷問を行うことが常態化しており、議会でも「人権蹂躙」だとして問題視されていた。

加えて司法省には、裁判所の令状を不要とする強制捜査権を定めることで検事の指揮権を確立する意図があった。もともと刑事訴訟法には検事の犯罪捜査指揮権が明記されていたが、数で劣る検察が警察に裁量を認めることは珍しくなかったのである。

もちろん、裁判所の令状なしに勾引、勾留、召喚が可能となることは、検事にとって甚《はなは》だ有利であり、被疑者にとっては甚だ不利な手続きである。

司法省は一九四〇年五月二十一日の第一七回思想実務家会同で、治安維持法を改正する意思を明らかにした。この会議では東京地裁検事局を中心に、「実務上の経験に徴し治安維持法の改正に付考慮すべき事項如何《いかん》」について議論が交わされた。主な議題は、罰則の拡張、検事の強制捜査権、予防拘禁制度の三点である。四一年一月十五日、司法省は全六五条からなる新治安維持法案を作成している。

新治安維持法の概要

続いて、新治安維持法の改正点を確認しておこう。

第一に、罰則の強化である。次の六点が挙げられる。

①国体変革の罪と私有財産制度否認の罪を分離し、国体変革の罪の刑を加重した。また従来は禁錮と懲役の選択刑だったが、懲役刑のみとなった。

②国体変革を目的とした支援結社、すなわち共産党の外郭団体の罰則を設けた。議会では、共産党はもう存在しないから不要とする意見もあったが、司法省は唯物論研究会（唯研）の例を挙げて必要性を主張した。

③国体変革を目的とした結社の組織を準備する、準備結社の罰則を設けた。こちらは共産党の再建運動をターゲットにした罰則である。

④国体変革を目的とした集団に対する罰則を設けた。「集団」とは、「結社」の定義のうち、「共同の目的の為にする」「特定多数人の」「任意の」「相当強固にして」「或程度永続性を有する」「継続的結合」のどれか一つでも要件を欠いたものである。研究会や読書会などの緩やかなグループのほかに、無政府主義運動や民族独立運動も該当する。

⑤国体変革を目的とした宣伝と個人の目的遂行行為を罰した。個人の行為を罰することはすなわち「結社」取締法の意味を希薄化させた。

⑥「国体を否定し又は神宮若《もしく》は皇室の尊厳を冒瀆すべき事項」の流布を目的とした結社の罰則を設けた。いわゆる類似宗教団体に対する罰則である。「国体の否定」とは、天皇の統治権を消極的に承認しないことを意味する。これまで治安維持法が適用された宗教団体には、いずれも国体変革の積極的な意思を見出すことは困難だった。司法省は苦肉の策として「国体の否定」という文言を作り出したと考えられる。

第二に、刑事手続きの特例である。①裁判所の令状なしに検事が召喚、勾引、勾留、訊問を行う強制捜査権を認めた。②裁判所の管轄を移転することを認めた。③一審と大審院のみの二審制とした。これらは社会への影響を懸念して審理を迅速化するためであり、判事からも要望があった。④国選弁護人制度を導入した。司法大臣が弁護士を指定し、人数も被告人一人につき二人に制限された。これは弁護人の法廷闘争を防ぐためとされ、弁護人には「少くとも被告人と共通又は近似せる思想抱懐者に非《あら》ざること」が求められた[3]。

第三に、予防拘禁である。司法省はこの制度の実現を最も望んでいた。なぜなら、徳田球一や志賀義雄《しがよしお》などの非転向組の共産党幹部が一九四一年中に刑期満了を予定していたためである。

戦争と右翼

次に、治安維持法改正の社会的な背景を見ておこう。

一つ目は日中戦争である。戦時中の警察は、銃後社会の治安を確保することを課題とする。政府が恐れたのは、戦争の長期化に伴い、国民に厭戦《えんせん》気分が蔓延《まんえん》することだった。四〇年二月の第七五議会では民政党の斎藤隆夫が日中戦争の処理を追及する演説を行い、衆議院議員を除名された。四〇年五月には食糧不足が深刻化し、都市住民にはインフレや物資不足に対する不満がくすぶっていた。

こうした厭戦気分や反戦思想は「国体変革」にただちに結びつくわけではない。だが、戦争が長引けば、生活に不安を抱える人々に共産主義が蔓延する可能性は捨てきれなかった。

二つ目の要素は、日中戦争以降、二つの系統が見られた右翼である。

観念右翼（国体明徴派、日本主義派）は天皇の親政を理想とし、国体と相容れない思想を排除しようとした。彼らは反共産主義の志向が強く、陸軍皇道派に接近した。またソ連との戦争に備え、中国との過度の対立を避けようとした。

もう一方の革新右翼（全体主義派、枢軸派）はナチスの一党独裁体制と統制経済を理想として、国家社会主義者や革新官僚、陸軍中堅層に接近した。彼らはソ連を仮想敵とする上でドイツとの提携を望んだ。また、満蒙《まんもう》を確保するために中国に対しては強硬だった。

右翼運動の再燃のきっかけは、三六年十一月に締結された日独防共協定である。協定は表向きコミンテルンに対する防御を目的としたが、秘密協定もあり、対ソ連の防衛であることは明白だった。また、日独の接近にイギリスは不快感を示した。

三七年七月に日中戦争が勃発すると、英米の対日態度は硬化した。近衛内閣ではドイツとの提携を望む軍部と外務省革新派の声が強く、三八年には防共協定強化＝日独伊軍事同盟が浮上する。ただし、三九年一月に首相となった平沼騏一郎は革新派を「赤」と嫌悪しており、彼ら革新派が進める軍事同盟を視野に入れた防共協定強化には積極的ではなかった。

三九年四月、日本軍による天津《てんしん》租界封鎖をめぐって日英両国が対立すると、日本では空前の排英運動が起こった。封鎖問題を解決するため、日英会談が東京で開かれたが、警保局と警視庁は交渉を有利に導くために反英的な世論を煽り、排英運動を容認した。[4]その後、八月の独ソ不可侵条約締結によって防共協定強化が頓挫すると、行き場を失った排英運動は、親英米派を狙ったテロへとエスカレートし、警察を悩ませた。

四〇年五月の思想実務家会同では、名古屋控訴院検事局が、「国家社会機構の変革又は治安攪乱を目的とし暗殺危害を目的とする結社若は団体」に対する罰則を設けるよう提案している。[5]結局、新治安維持法では右翼の罰則は見送られたが、観念右翼と革新右翼の両勢力は、近衛新体制運動をめぐって敵味方に分かれ、治安維持法にも影響を及ぼす。

近衛新体制

四一年の治安維持法改正案は、政争の渦中に投じられる。原因は近衛文麿を中心とする新体制運動である。

近衛は一八九一（明治二十四）年、公爵近衛篤麿《あつまろ》の長男に生まれ、早くに両親を亡くして爵位を継いだ。近衛は京都大学で河上肇の影響を受けて、社会主義に傾倒したこともあった。成人した近衛はデモクラシーにも理解を示したが、英米主導の国際秩序を批判し、政党政治の腐敗に失望を隠さなかった。一九三〇年代には近衛の周りに国家革新を主張する勢力が集まり、お目付け役の元老西園寺公望をやきもきさせた。

三七年六月、近衛は第一次内閣を発足させる。この内閣は発足後間もなく、七月に日中戦争が勃発すると、企画庁を企画院に衣替えして物資動員計画を立案させた。三八年三月には国家総動員法を成立させている。

近衛は日中戦争の当初は、戦線を拡大せずに収拾することを企図していた。しかし、権力基盤のない近衛は、陸軍に引きずられて戦線の拡大を許してしまう。近衛の周辺には彼を中心とする新党の結成を目指す動きがあったが、内閣総辞職に伴って挫折した。

一九四〇年七月、近衛が二度目の組閣を果たすと、近衛周辺は新党運動を再開する。これがいわゆる新体制運動である。この運動には一国一党的な体制を良しとする陸軍も期待を寄せた。既成政党や無産政党も雪崩を打って参加し、四〇年八月までに全ての政党が解散した。

新体制運動の理論を構築したのは、三三年に近衛のブレーンとして発足した昭和研究会だった。メンバーには東大教授の蠟山政道《ろうやままさみち》、大原社会問題研究所の笠信太郎《りゅうしんたろう》、元法政大教授の三木清といった社会主義研究の泰斗も含まれる。彼らはヨーロッパのファシズムに注目し、国内改革のヒントを見出していた。[6] 東大教授の矢部貞治《やべていじ》は、「党」という名称を避けながら、一国一党的な中核体を組織しようとした。

しかし、四〇年十月十二日に発会した大政翼賛会では、近衛は新体制運動を「精神運動」とするにとどめた。これは近衛が翼賛会に対する二つの批判を恐れたためであった。

第一に、無任所大臣の平沼騏一郎を筆頭とする観念右翼は、翼賛会は天皇親政を蔑《ないがし》ろにする「幕府的存在」だと批判した。第二に、小林一三《いちぞう》商工大臣を筆頭とする財界は、企画院の立案した経済新体制要綱を、「赤」＝共産主義だと批判した。これらの批判が続けば、翼賛会は治安維持法違反と見なされ、近衛の政治生命は終わっただろう。近衛は平沼を内相に据えて懐柔を図り、企画院のプランを大幅に修正した。

翼賛会に対しては次第に、アテの外れた既成政党や、地方行政を乗っ取られまいとする内務省も批判に回った。新体制運動に協力していた転向者も、翼賛会＝「赤」批判に動揺した。治安維持法は、このような葛藤を含む新体制運動に、間接的に終止符を打つことになる。

企画院事件と翼賛会の挫折

一九四一年一月の企画院事件は、新体制運動と大政翼賛会を揺さぶった。

警視庁の中村絹次郎《きぬじろう》特高第一課長が、村田五郎《むらたごろう》警保局保安課長に関係者の検挙について伺いを立てたのは、四一年一月上旬頃である。これより先の三八年十月にも、企画院の判任官（文官高等試験〔高文〕を通っていないノンキャリアの職員）が検挙されていた（企画院判任官グループ事件）。だが今度の標的は、近衛内閣の経済政策を立案した高等官たち（高文試験を通ったキャリアの事務官）だった。検挙は一月十六日から始まり、和田博雄《わだひろお》、勝間田清一《かつまたせいいち》ら一〇名が検挙され、五名が起訴された。

中村絹次郎によれば、事件が平沼騏一郎内相と橋本清吉《はしもとせいきち》警保局長の耳に入り、橋本が検挙を強く迫ったという。[7]一方で永野岩松《ながのいわまつ》警視庁特高部長は、橋本の指示はあったが平沼からはなかったとしている。[8]警視庁特高係長だった宮下弘によれば、中村はもともと「巧妙手柄を早く立てて出世したいという人」であり、村田が「あれはたいした政治的価値のあるすばらしい事件だった」と中村を褒めたという。[9]おそらくは左翼を嫌悪する平沼と、手柄に逸《はや》る中村と、翼賛会が地方行政を奪うことを警戒する内務省の利害が一致したと考えられる。

政党なき後の議会勢力も、翼賛会を攻撃した。衆議院では鳩山一郎グループが、貴族院では弁護士出身の岩田宙造《いわたちゅうぞう》がそれぞれ批判の先頭に立っている。とりわけ、翼賛会の宣伝部員がある講演会で「産業奉還論」（臣民の所有権を天皇に還すという議論）を主張していたことが、「私有財産制度否認」に該当するのではないかと槍玉に挙げられた。

こうした批判に対して、平沼内相は二月二十二日の衆議院予算委員会で、大政翼賛会は治安警察法の「公事《こうじ》結社」にあたるという見解を表明した。

治安警察法によれば、政治活動を行う結社は、「政事《せいじ》結社」として内務省に届け出る必要があった。一方、公に活動を行う「公事結社」は届け出は不要だが、政治活動は認められなかった。大政翼賛会が政権に参画するには、「政事結社」となる必要があるが、もしそうなれば「幕府的存在」としての批判は免れない。平沼の説明によって翼賛会は追及を免れたものの、近衛の権力基盤としては挫折したことになる。近衛内閣も、「政府の方針と施設とは、社会主義共産主義を輸入するが如き虞《おそれ》断じて之《これ》無《な》しと信じ居れり」という反論を準備していた[10]。しかし、ほかならぬ内相の平沼が翼賛会の本旨を否定してしまったのである。

新治安維持法の成立

翼賛会批判で揺れるなか、近衛内閣は四一年二月七日、新治安維持法案を議会に提出した。しかし衆議院での最大の争点は、やはり近衛新体制の是非だった。

第一に、近衛新体制の統制経済は私有財産制度の否認にあたるのか。平沼内相は、「私有財産制度に対しまして制限の加わると云うことは、是《これ》は免れぬことであります、私有財産を制限すると云う議論が、是が私有財産の否認には無論ならぬと思います」と回答している。

第二に、大政翼賛会は国体に反する「幕府的存在」なのか。平沼は、「若《も》し万一、大政翼賛会に限らず、斯《かく》の如き不逞《ふてい》なる思想を以て行動する者がありますれば、政府は厳乎《げんこ》として之《これ》を取締ります」と明確に否定した。平沼は近衛新体制の一国一党的な構想をやはり切り捨てたのだった（二月十二、十七日の衆議院特別委員会）。

これに対し、非翼賛会の世耕弘一《せこうこういち》は、統制経済と大政翼賛会こそが「赤化思想」を浸透させる原因であると批判している。世耕は治安維持法改正には賛成したが、それでも政党人として、自由主義と資本主義の立場から翼賛会を批判したのである。

なお第七六議会では、議会制度の否認＝「政体変革」の罰則、もっと言えば右翼に対する罰則を求める意見が相次いでいる。橋本清吉警保局長は「左翼の思想を持ち、唯《ただ》之を擬装する為に国家主義を標榜《ひょうぼう》する徒輩《とはい》」を治安維持法で取り締まる見解を示している。最終的に貴族院では、柳川平助《やながわへいすけ》法相が追及に押されて、次の議会で右翼に対する取締法を制定するという言質《げんち》を残している。

結局、紛糾はしたものの新治安維持法案は可決成立し、四一年三月十日に公布された（全文は巻末の関係法令文を参照）。三日前の七日には、国家機密を外国へ漏洩《ろうえい》する行為と、国家機密を流布する行為に対して最高で死刑を科す国防保安法も公布されている。

さてここで、新治安維持法と日ソ関係の影響を見ておこう。四一年四月、松岡洋右《まつおかようすけ》外相はモスクワを訪れて日ソ中立条約を締結している。松岡は欧州へ出発する直前、村田五郎警保局保安課長を密かに招いて、日本とソ連が手を組んだ際に共産主義に対していかなる取り締まりをとるかと尋ねた。村田が「たとえ日ソ両国が将来国交を温めるようなことになっても、日本国内においてソ連が行う赤化運動は、われわれ日本の警察もそれを従来通り取り締まって行くつもりです」と答えたところ、松岡は「わかった、いやよくわかった！」と首肯したという。[11]松岡は日ソ中立条約の締結に伴って共産主義が台頭することを懸念し、新治安維持法を担保としたと思われる。

運用の実態

一九四一年三月十日、新治安維持法は公布され、同年五月十五日より施行された。三月二十四日の司法官会同では、柳川平助法相から、検察は強制捜査権の運用を誤ることのないよう、注意があった。先にも述べたように、この強制捜査権には警察の不法な取り調べを防止する意図が込められていた。

しかし、制度改正に現場の混乱はつきものである。四一年四月三十日、村田五郎警保局保安課長は、「改正治安維持法実施に伴う各種取極《とりきめ》事項」と題する文書を全国に通牒した。文書によれば、東京地裁検事局と警視庁特高部は、「被疑者の検挙に当りては事前に十分検事と打合せて其の指揮を求むべきも令状発出の内部手続は敏速を尊ぶ此の種検挙の性質上極力簡易化すべき事」という申し合わせをしたという。[12] これが正しければ、検察は事実上、警察に強制捜査権を白紙委任したことになる。

だが、当の東京地裁検事局は、文書は事実無根であると抗議し、警視庁特高部に文書を撤回させた。

一方、警察としても、正規の手続きを踏んで検事の委任を受けた司法警察官の訊問調書は公判でも証拠に用いられたから、証拠能力を確保するために慎重な捜査が求められた。もっとも、警察の取り調べに自白の強要や拷問はつきものであり、注意がどこまで徹底したかは疑わしい。

このような理想と現実が絡み合い、検察と警察は表向き協力しながら捜査の主導権を争うことになる。

次に、四〇年代の新治安維持法の運用を、統計の数値から検討しよう。

表7に示すように、検挙者と起訴者は三〇年代よりも減少した。

一九四一年から四五年の特徴としては、民族独立運動と宗教団体の検挙が増えたこと、全体的に起訴率が上昇したこと、科刑が長期化する一方で執行猶予付の刑が減ったこと、目的遂行罪が増えたことが挙げられる。[13] **表8**のように目的遂行罪による起訴は四一年には全体の八七%に達した。もはや、被告人の行為が「窮極に於て」コミンテルンの目的、すなわち国

表７　治安維持法違反による検挙者、起訴者の推移
（1941〜45年、単位：人）

年	種類	検挙	処理人員				
			起訴	不起訴			計
				起訴猶予	無嫌疑	その他	
1941	左翼	849	205	291	53	—	549
	民族	256	29	60	9	—	98
	宗教	107	2	4	5	1	12
	計	1,212	236	355	67	1	659
1942	左翼	332	217	317	95	14	643
	民族	203	62	179	41	5	287
	宗教	163	60	52	9	3	124
	計	698	339	548	145	22	1,054
1943	左翼	293	95	173	21	6	295
	民族	218	42	90	39	4	175
	宗教	89	87	47	1	2	137
	計	600	224	310	61	12	607
1944	左翼	230	130	60	30	3	223
	民族	229	73	82	41	8	204
	宗教	42	45	18	1	2	66
	計	501	248	160	72	13	493
1945	左翼	60	42	20		2	64
	民族	37	40	16	6	7	69
	宗教	12	24	3		1	28
	計	109	106	39	6	10	161
合計	左翼	1,764	689	861	199	25	1,774
	民族	943	246	427	136	24	833
	宗教	413	218	124	16	9	320
	計	3,120	1,153	1,412	351	58	2,927

『治安維持法関係資料集』第四巻、「自昭和十二年至昭和二十年五月　治安維持法違反事件年度別処理人員表」より作成。1945年は１月から５月までの数字。「民族」は民族独立運動をさす。

表8　治安維持法違反事件の起訴事由（1939〜44年、単位：人）

年	起訴総人員	結社		目的遂行	協議煽動
		組織指導	結社加入		
1939	388	—	220（57%）	168（43%）	—
1940	229	19（8%）	96（42%）	108（47%）	6（3%）
1941	247	—	3（1%）	214（87%）	30（12%）
1942	337	44（13%）	19（6%）	232（69%）	42（12%）
1943	223	65（29%）	17（8%）	121（54%）	20（9%）
1944（1〜9月）	190	76（40%）	25（13%）	89（47%）	—
1939〜40年の合計	617	19（3%）	316（51%）	276（45%）	6（1%）
		335（54%）			
1941〜44年の合計	997	185（19%）	64（6%）	656（66%）	92（9%）
		249（25%）			
総計	1,614	204（13%）	380（24%）	932（58%）	98（6%）
		584（36%）			

『治安維持法関係資料集』第四巻、「第二次・第三次（新）治安維持法に関する諸統計ほか（日本国内〔二〕）」より作成

体変革に合致するのだという、あやふやな論理がまかり通っていたと見てよい。

ただし四二年以降は結社罪が増えて、四四年には結社罪がかろうじて目的遂行罪を上回った。これは、小規模のグループや民族独立運動、宗教団体に組織指導罪が適用されたためだと推測される。

なお、それまでほぼ皆無だった協議罪も、四〇年代には起訴の一〇％程度を占めるようになった。これは本国での朝鮮独立運動に対する適用が多かったとされる。[14]

以上をまとめれば、新治安維持法は目的遂行罪が適用される傾向があり、

民族独立運動には協議罪と組織指導罪が、宗教団体には組織指導罪が適用されやすかったといえる。

2　太平洋戦争下の治安維持法

ゾルゲ事件

ゾルゲ事件は、一九四一（昭和十六）年十月に発覚した国際的なスパイ事件である。

通称ラムゼイ・グループの首謀者であるリヒァルト＝ゾルゲは、一八九五年にロシアのバクーに生まれた。第一次大戦でドイツ軍に従軍した後、ドイツ共産党に入り、ソ連共産党とコミンテルンで活動した後、ソ連赤軍参謀本部第四部の指令を受けて三三年九月から日本でスパイ活動に従事した。

ゾルゲの情報源の一人が朝日新聞記者の尾崎秀実《おざきほつみ》である。尾崎は一九〇一（明治三十四）年東京芝《しば》に生まれ、東大を経て朝日新聞社に入り、中国問題専門家として活躍していた。ゾルゲとは三〇年に上海で出会っている。尾崎は近衛文麿の昭和研究会の傘下である支那問題研究会に入り、近衛のブレーン・トラストの朝飯会に参加した。第一次近衛内閣の嘱託に起用されている。尾崎は近衛周辺の人脈を通じて機密情報を入手したのである。

ゾルゲの目的は、日本がソ連と開戦する可能性を探ることだった。尾崎は、四一年七月二日の御前会議で日本が南進（南部仏領インドシナへの進駐）の決定をしたこと、同年九月初めに日本が対ソ戦を見送ったとの観測をゾルゲに伝えている。

四一年九月、警視庁特高第一課は、米国共産党員の北林《きたばやし》トモを検挙する。北林の線から関係者が浮上し、尾崎とゾルゲの検挙に至った。第三次近衛内閣が総辞職する前日の十月十五日、警視庁は尾崎を検挙し、十月十八日にゾルゲを検挙した。検挙者は諜報団一七名と、昭和研究会関係者など一八名であり、昭和研究会からは元老西園寺公望の孫西園寺公一《きんかず》と、犬養毅の息子で衆議院議員の犬養健《たける》も含まれていた。近衛と風見章《かざみあきら》（近衛内閣元法相）も事情聴取を受けた。

ゾルゲの検挙については、警視庁に共産党再建の容疑で検挙された満鉄嘱託の伊藤律《りつ》が、北林トモのことを供述したことが端緒だという説がある。この説は『特高月報』一九四二年八月号が初出であり、戦後にはGHQ（連合国最高司令官総司令部）のG2部長ウィロビー准将の報告書にも採用された。日本共産党は当初、伊藤を擁護したが、後に伊藤をスパイ容疑で除名している。尾崎秀実の異母弟の尾崎秀樹《ほつき》も著書『生きているユダ』で伊藤端緒説を広めた。

しかし後の調査によると、警視庁外事課が四〇年春頃から、和歌山県にいた北林トモを内偵していたことが明らかとなった。[15] 伊藤が北林のことを供述したのは事実だが、警視庁は以前から北林に着目していたと見るべきだろう（伊藤は北林の名前を知らなかった）。

四三年九月二十九日の東京地裁の第一審は、国防保安法、治安維持法、軍機保護法、軍用資源秘密保護法違反で、ゾルゲと尾崎に死刑を言い渡した。二人はともに死刑が確定して、四四年十一月七日に執行された。

ゾルゲ事件は、日本国内の治安維持法違反事件で唯一、死刑が執行された事件である。もっとも正確には、死刑は国防保安法第四条第二項の国家機密漏洩罪によるものであって、治安維持法第一条・第一〇条の目的遂行罪ではない。

ゾルゲに治安維持法を適用したのは、罪状よりも警視庁の捜査の都合によるところが大きい。ゾルゲは、指令元がソ連赤軍参謀本部であることを最後まで自白しなかった。そこで取調官の警視庁外事課の大橋秀雄《おおはしひでお》は、コミンテルン、ソ連共産党、赤軍、ソ連政府を総合した「モスクワ・センター」を指令元とすることでゾルゲと妥協したという。[16]

またゾルゲにとって、日ソ間の戦争を回避することは望ましい結果だった。ただしこれは、ソ連が対独戦に傾注するための必須条件であり、日本の情報はソ連の国防政策に直結するものだった。尾崎もゾルゲに提供した情報がソ連の防衛に利用されることを自覚していた。

日本のソ連開戦の意思を探ることは治安維持法違反に該当するのか、という疑問もある。

ただし、公判で問われたのは活動の中身ではなく、コミンテルンとゾルゲの関係だった。第一審判決は、ゾルゲがコミンテルン本部に通報したと断定して、コミンテルンのための目的遂行罪を認定している。ゾルゲもまた、目的遂行罪の標的となったのである。

最後に、中西功《なかにしつとむ》の中国共産党諜報団事件に触れておく。中西はプロレタリア科学研究所の中国問題研究会に勤務していた頃、治安維持法違反容疑で検挙され、その後、満鉄に入り尾崎と交流した。三八年に中支那方面軍特務部員として中国に派遣された中西は、現地で中国共産党の日本人工作員として活動した。四二年、中西は上海で検挙され、治安維持法違反と外患罪で無期懲役判決を受けた。戦後は日本共産党に入党して参議院議員を務めている。

宗教団体の取り締まり

新治安維持法は、一九三〇年代に激増した新興宗教を取り締まることを狙っていた。

表9は、一九四一～四四年の主な宗教団体の治安維持法違反事件である。四一年五月の新治安維持法の施行から半年間と、戦況が悪化した四三年に事件が多いことがわかる。

特に小規模の新興宗教に対する適用が目立つ。たとえば四一年七月に検挙された御国教《みくにきょう》は、「主神として山王大権現《さんのうだいごんげん》、稲荷大明神《いなりだいみょうじん》、釈迦如来《しゃかにょらい》、イエス・キリスト、役之正覚《えんのしょうかく》、弘法大師《こうぼうだいし》、日蓮上人《にちれんしょうにん》、円光大師《えんこうだいし》、天理教教祖、金光《こんこう》教教祖の十柱を奉斎し居る」というもので、三六年

表９　主な宗教団体の治安維持法違反事件（1941～44年）

宗教団体	検挙開始日	宗教
御国教	1941年７月５日	神道ほか
耶蘇基督之新約教会	1941年９月12日	キリスト教
大自然天地日之大神教団	1941年９月13日	神道
無教会派基督者グループ	1941年９月26日	キリスト教
忠孝陽之教	1941年10月２日	神道
「御先神」教団	1941年10月２日	沖縄民間信仰
本門仏立講	1941年11月30日	仏教
灯台社	1941年12月１日	キリスト教
皇華聖道会	1942年３月１日	神道
大日教	1942年３月19日	仏教
日本基督教団 第六部（日本聖教会） 第九部（きよめ教会）	1942年６月26日	キリスト教
東洋宣教会きよめ教会	1942年６月26日	キリスト教
誠忠の家	1943年４月26日	不明
如来教	1943年７月３日	仏教
創価教育学会（日蓮正宗）	1943年６月20日	仏教
天照日今上皇大神	1943年８月18日	神道
無教会派基督者（浅見仙作）	1943年９月４日	キリスト教
黙示録研究会	1943年９月15日	キリスト教
第七日基督再臨団	1943年９月20日	キリスト教
日本キリスト教会	1943年９月21日	キリスト教
天土大神	1943年10月２日	神道
灯台社	1943年10月２日	キリスト教
神政竜神会	1944年３月４日	神道

『治安維持法関係資料集』第四巻、「最近に於ける主要なる治安維持法違反事件」、『特高月報』、『昭和特高弾圧史』3-4、『戦時下のキリスト教運動』３より作成

には信徒五〇〇名を超えたが、四一年には衰退していた[17]。新興宗教への適用は数こそ多いが、一件あたりの検挙者は一人から二〇人程度である。

また、キリスト教系団体への適用が増えた。彼らは反戦的な言辞だけでなく、連合国のスパイ活動を疑われた。もちろん、反戦思想は治安維持法の対象ではないので、国体を否定するという建前がとられた。一九四二年六月以降、プロテスタント系の日本聖教会、きよめ教会、東洋宣教会きよめ教会の信者一二〇名が検挙され、戦時中で最大の宗教弾圧事件となった（ホーリネス弾圧事件）。

明石順三《あかしじゅんぞう》を創始者とする灯台社は、兵役拒否を問題視された。三九年一月、兵役中の明石真人《まひと》（明石順三の長男）と村本一生《むらもとかずお》は兵役拒否を申し出て、六月には抗命・不敬罪により軍法会議で懲役刑に処されている。陸軍としては、戦時中に兵役拒否の思想が伝播することを恐れたのである。この判決の直後には明石順三が治安維持法違反で検挙され、灯台社も解散させられている（第二次灯台社事件）。

非戦・反戦を説く無教会主義キリスト者も例外ではない。浅見仙作《あさみせんさく》は四三年七月、反戦的な言辞を理由として「言論、出版、集会、結社等臨時取締法」違反容疑で検挙され、続いて治安維持法違反で再検挙された。同じく無教会主義キリスト者であり、日中戦争を批判して東大教授を追われた矢内原忠雄《やないはらただお》も、特高によって言動を監視されていた。

これらの事件では、早々に転向を表明する信者もいたが、信仰を維持する者も少なくなかった。創価教育学会（現創価学会）創始者の牧口常三郎《まきぐちつねさぶろう》は獄中で転向を拒否し、四四年十一月に老衰と栄養失調により死去している。

予防拘禁

予防拘禁は、新治安維持法の目玉といえる制度である。予防拘禁を決定するまでの流れは次のとおりである。

①検事は、国体変革の罪で刑期を終えた者、執行猶予者、保護観察処分者で再犯の恐れがある者を認定する。
②検事は予防拘禁委員会に意見を求めた上で、裁判所に対象者の予防拘禁を請求する。
③裁判所は検事の請求にもとづいて、対象者の陳述を聴いた上で拘禁を決定する。
④裁判所は、本人以外に近親者の輔佐《ほさ》人の陳述を聴くことができる（弁護士は不可）。
⑤裁判所の決定に対して、検事と本人、輔佐人は即時抗告が可能である。
⑥予防拘禁の期間は二年。継続の必要がある場合は②③と同じ手続きで更新する。

決定は裁判所が行うものの、弁護士の陳述は許されず、一方的な感は否めなかった。

また、司法省は、非転向組の出所を防ごうとしたように、被拘禁者を社会から隔離する保安機能を優先していた。

ただし、予防拘禁の運営者たちは、被拘禁者の精神を修養する改善機能を折衷させようとしていた。司法省行刑局長の正木亮《まさきあきら》は、イギリスの予防拘禁制度を実地に研究したことを踏まえて、「予防拘禁所は贅沢《ぜいたく》であってはならない。予防拘禁所は遊ぶ所であってはならない。予防拘禁所は之を姥捨山《うばすてやま》にしてはならない」との原則を示している[18]。

全国唯一の予防拘禁所が豊多摩《とよたま》刑務所内に開設されたのは、四一年十二月二十八日のことである。初代所長の中村義郎は、被拘禁者に比較的自由な生活を保障する一方で、反抗者には厳格にあたる方針をとった。

予防拘禁者の数はといえば、太平洋戦争末期の四五年五月末時点で六五名にすぎない。このなかには宗教団体、朝鮮独立運動の関係者も含まれる。そもそも拘禁の基準は曖昧であり、保護観察と屋上屋を重ねるものだった。また非転向者にとって、拘禁所の生活は一定の自由を保障されたものであり、改善機能は乏しかった。予防拘禁は法治主義と人権の点から見て問題のある制度であり、非転向者を社会から隔絶させる以上の効果はなかったのである。

戦時下の治安立法

一九四一年十二月八日に始まった太平洋戦争中は、治安維持法以外の取締法が猛威を振るった面もある。

その代表が、「言論、出版、集会、結社等臨時取締法」（一九四一年十二月十九日公布。以下、臨時取締法）である。これは治安警察法、新聞紙法、出版法に代わって言論や政治活動の規制を厳格化したものである。警保局は不要としたものの、法制局が強く提案したという。[19] ①政事結社・集会、思想結社・集会、多衆運動を届出制から許可制に変更した、②新聞・雑誌を許可制とした、③裁判所ではなく内務省が新聞の発行禁止を命じることができた、④治安を乱す流言蜚語に罰則を設けた、などである。

特に④について、戦争指導者として首相と陸相を兼任する東條英機《とうじょうひでき》は、憲兵を動員して国民の反戦的な言論を取り締まった。四三年中に臨時取締法違反で検事局に受理されたのが一七八四名、起訴されたのが五九七名であり、治安維持法違反（受理八六六名、起訴二一五名）をはるかに超えている。[20]

四二年二月二十四日には、戦時刑事特別法が公布された。これは敵襲時の放火、騒擾《そうじょう》などに厳罰を科すものだが、第七条第一項では「戦時に際し国政を変乱することを目的として人を殺したる者」を死刑または無期懲役禁錮としている。右翼の取り締まりを明示したわけではないが、政変を狙ったテロに対する罰則がようやく設けられたといえる。四三年には、安寧秩序を乱す事項の流布罪を設けて、実質的に「私有財産制度否認」を流布する者を取り締まった。

このほかの取締法としては、陸軍刑法、海軍刑法、軍機保護法、軍用資源秘密保護法、国家総動員法があった。

実のところ、戦時中に警保局が恐れていたのは右翼のテロだった。観念右翼と革新右翼は、それぞれ日米開戦を支持したが、戦争の推移によっては政府要人を狙ってテロを起こす可能性は否定できなかった。現に、戦局の悪化とともに、太平洋戦争を開始した東條英機首相の暗殺が何度か計画され、東條内閣の打倒を目指すグループも存在した。

東條が特に警戒したのは、革新右翼で衆議院議員の中野正剛《なかのせいごう》である。四三年十月二十一日、警視庁は中野の東方同志会と天野辰夫《あまのたつお》の勤皇まことむすび社を、戦時刑事特別法第七条違反容疑で検挙している。議会を二日後に控えた十月二十四日には、東條は中野を行政検束するよう主張している。十月二十七日、中野は東京憲兵隊の取り調べを受け、その日の夜に自宅で自殺した。中野の死は様々な憶測を呼び、かえって東條内閣への不満を醸成することとなった。

横浜事件

横浜事件は、神奈川県特高課が捜査した複数の事件の総称である。発生から七〇年近くを経て一応の決着がつけられた意味で、治安維持法最後の事件ということもできる。

①米国共産党事件（四二年九月十一日検挙）
②「ソ連事情調査会」事件（四三年一月二十一日検挙開始）
③細川嘉六《ほそかわかろく》を中心とする党再建準備会非合法グループ事件（四二年九月十四日検挙開始）
④「泊《とまり》会議」事件（四三年五月二十六日検挙）
⑤「政治経済研究会」グループ事件（四三年七月一日検挙開始）
⑥愛国政治同志会（愛政）グループ事件（四三年九月二十日検挙開始）
⑦改造社、中央公論社内左翼グループ事件（四四年一月二十九日検挙開始）
⑧日本編集者会、日本出版社創立準備会事件（四四年十一月二十七日検挙開始）
⑨日本評論社内左翼グループ事件（四四年十一月二十七日検挙開始）
⑩満鉄調査室事件（四四年三月十二日検挙開始）

きっかけは①の、川田寿《かわだひさし》・定子《さだこ》夫妻の検挙だが、各々の事件に明確なつながりはない。一応の中核は③である。すなわち、マルクス経済学者の細川嘉六が『改造』一九四二年八月・九月号に「世界史の動向と日本」を寄稿すると、陸軍省報道部は九月号掲載分を削除するよう迫った。そして警視庁はこの論文を根拠に、共産主義を宣伝した容疑で細川を検挙したのである。

さらに神奈川県特高課は、細川が四二年七月、知人を郷里の富山県泊町に招いた慰労会を共産党再建の準備会（「泊」会議）と見なし、④をでっち上げた。唯一の証拠は参加者から押収した集合写真であり、特高課は泊町に出張したものの証言は得られなかった。警視庁すら事件を疑問視する有様であり、神奈川県特高課が功を焦ったと考えられる。

現在確認された横浜事件の検挙者は六三名で、このうち出版関係者は二三名を数える。「泊」会議事件で検挙された中央公論社の木村亨《とおる》は、早稲田大学在学中の三六年十二月、共青再建運動の嫌疑で検挙されていた（起訴猶予）。木村は三九年中央公論社に入り、『支那問題辞典』（一九四二）の編集を通じて細川嘉六や尾崎秀実との面識を得た。

そして、東條内閣はこの横浜事件を口実として、左寄りの論調を警戒していた中央公論社と改造社を解散に追い込んでいる。四四年七月七日の閣議は、「中央公論、改造関係共産主義者検挙に関する件」を協議している。[21] 中央公論社社長の嶋中雄作《しまなかゆうさく》によれば、岸信介国務大臣が「解散命令というのは不穏だから」と主張し、重光葵《しげみつまもる》外相がこれに和して自発的廃業に決定したという。[22]七月十日に内閣情報局からの申し渡しを受けて、中央公論社と改造社は同月三十一日に解散した。二社の解散に前後して、東條内閣も七月十八日に総辞職した。

横浜事件の被告は出版関係者だけではない。世界経済調査会の米国担当だった川田寿は、アメリカ滞在中に現地の社会主義者と交流したことからアメリカ共産党員の嫌疑がかけられた。また愛国政治同志会の田中政雄《まさお》は、革新右翼の大川周明と交友のある元国家社会主義者だった。さらに、近衛文麿の昭和研究会の関係者が主宰する昭和塾からも検挙者が出ている。

被疑者は、激しい拷問と長期の勾留に苦しんだ。中央公論社の浅石晴世《あさいしはるよ》と和田喜太郎《わだきたろう》、世界経済調査会の高橋善雄《たかはしよしお》、愛国政治同志会の田中政雄の四名が獄中で死亡した。満鉄調査部の西尾忠四郎《にしおただしろう》は、仮釈放後に間もなく死亡している。

横浜事件では三三名が起訴された。弁護人は海野普吉《うんのしんきち》が全被告を担当した。一九四五年八月の終戦を契機として、横浜地裁は慌ただしく公判を開始し、九月から十月にかけて一律に有罪判決（懲役二年、執行猶予三～四年）を下している。有罪となった者は、獄死した浅石晴世を含め三〇名に上る。④に関する小野康人《おのやすひと》への判決主文は、「泊」会議に触れておらず、事件がフレーム・アップであることを露《あらわ》にした。なお、細川嘉六と上告した二名の計三名は、四五年十月の治安維持法の廃止に伴い免訴となった。

戦後、横浜事件は元被告の名誉回復の裁判に移行する。これについては次章で触れたい。

近衛上奏文

一九四二年六月のミッドウェー海戦で敗北して以降、日本は劣勢に転じる。四四年七月のサイパン陥落後、日本列島はB29の爆撃圏に収まり、日本の敗戦はほぼ確定した。

四四年には物資の不足が深刻となった。茨城県のある村では、麦の供出割当に関する協議会で、一人の老人が「小児にさえ満足に食べさせられないという有様では、戦争などやめてしまった方がいい」と叫び、居合わせた警察署長も沈黙したという。[23]

戦局の悪化に伴い、人心は荒廃した。警察は闇市《やみいち》の取り締まりや、窃盗や強姦などの増加を重く見ていた。特高警察の緊急性は相対的に下がり、四五年に入ると治安維持法の検挙者数は極端に減少している。

さて、戦争末期に早期降伏の工作を進めたのは、近衛文麿―真《ま》崎《さき》甚《じん》三郎《ざぶろう》グループである。陸軍皇道派と自由主義者からなるこのグループは、近衛を担いで反東條運動を展開し、中立国を介したアメリカへの和平の打診を模索していた。

四五年二月十四日、近衛は昭和天皇に拝謁して、「近衛上奏文」を提出する。この上奏文は、「国内革新（それは究極的には共産革命をめざすもの）を企図し戦争を拡大してきた統制派とその同調者が日本を破滅させようとしている、これに反対し従って彼らから圧迫されてきた真の国体論を背景とする皇道派を登用して粛軍を断行することによってのみ戦争と革命から日本を救うことが出来る」という論理に立っていた[24]。陸軍統制派とこれに同調する革新官僚を共産革命勢力と断定するのは、かつて近衛を追いつめた大政翼賛会＝「赤」批判とほぼ同じ論理である。

しかし、昭和天皇はまだ本土決戦に期待をつないでおり、「我国体については近衛の考えとは異り、軍部は、米国は我国体の変革迄も考え居る様観測し居るが、其の点は如何」として軍部の意見を支持した[25]。四月には近衛上奏文の件で吉田茂《よしだしげる》、殖田俊吉《うえだしゅんきち》、岩淵辰雄《いわぶちたつお》が憲兵隊に検挙され、近衛グループの活動は凍結した。

他方、海軍や木戸幸一《きどこういち》内大臣には、ソ連と提携して戦争を打開する構想も存在した[26]。戦時中の統制経済によって国民は等しく窮乏し、女性が労働力として社会に進出するという意味で、社会の平準化は進んでいた。自由主義の論客である清沢洌《きよさわきよし》も、戦後は国家によって私有財産が制限されるという見解を持っていた[27]。

また、四五年七月の警保局の報告によると、近頃は左翼分子が日ソ提携論を公然と主張するようになり、『親ソ』に急なる余り、『国体無視』或は『国体軽視』の傾向あるは注目すべき特徴の一なり」という[28]。戦争末期の困窮した国内では、ソ連を介した終戦に期待が寄せられ、従来からは想像もつかないほどソ連と共産主義を容認する状況が生まれていた。「国体護持」を唯一の条件として降伏をした場合、仲介役のソ連の要求を呑んで、国内体制を共産主義化する下地はできていたともいえる。

終戦と国体

四五年七月、鈴木貫太郎《かんたろう》内閣は近衛文麿を特使としてソ連に和平の仲介を申し入れようとした。しかし、ソ連はすでに四五年二月のヤルタ会談で対日参戦を決定していた。

七月二十六日、米英中の三国は日本の降伏の条件を提示したポツダム宣言を発表する。鈴木内閣はソ連の回答を待って宣言を「黙殺」したが、八月六日の広島への原爆投下、八日のソ連参戦、九日の長崎への原爆投下と事態は急転した。日本政府はついに、「国体護持」を条件として宣言を受諾することを決断する。

八月十日の閣議は、「天皇の国家統治の大権を変更するの要求を包含し居らざることの了解の下に」（傍点引用者）宣言を受諾することを決定した。しかし、十二日の連合国の回答文は「天皇及び日本政府の国家統治の権限は連合国最高司令官の制限の下に置かるる（subject to）」とあり、「国体」が護持されるか否かは不明確だった。十二日の御前会議では、宣言を受諾する（即時降伏）か再照会する（徹底抗戦）かで結論が出なかった。

そして八月十四日の御前会議で、昭和天皇は「敵側の回答に付ては総長及陸軍大臣の反対があり、国体に動揺を来すと云うたが、朕《ちん》はかく考えぬ」と述べ、聖断によって宣言の受諾を決定した。[29] 天皇は、四五年六月に沖縄が陥落して以降、本土決戦論に見切りをつけていた。また客観的情勢として、これ以上の戦争は食糧危機を招いて日本を内部崩壊させる危険があった。そして天皇にとって「国体護持」とは、三種の神器を守ることをも意味した。本土決戦となれば国体が危ないことを悟った天皇は、降伏を決意したのである。

日本の降伏は、戦前の秩序維持の指針であった治安維持法の存在意義を揺るがせた。それでは、治安維持法に替わる戦後日本の秩序の指針として何が考えられたであろうか。

サイパンが陥落した直後の四四年七月、外交評論家の清沢洌は、東大教授の蠟山政道に対して、「他日、新たに作られるであろう日本憲法に二つの明文を挿入してくれ」として「言論の自由」（個人攻撃には厳罰を科すこと）と「暗殺に対する厳罰主義」を挙げている。[30] 清沢に従えば、自由とは不法な暴力を禁止して初めて保障される。彼は言論統制を憎むと同時に、敗戦後の混乱による暴動、革命、暗殺を恐れていた。その清沢も四五年五月に肺炎で急死し、戦後日本を見ることはかなわなかった。

3　植民地への適用

帝国日本と治安維持法

ここからは、日本の植民地や外地での治安維持法の適用について触れたい。

一八九四（明治二十七）年の日清戦争に勝利した日本は、清から台湾を獲得して植民地統治を開始した。続いて一九〇四年の日露戦争では、ロシアから南樺太《からふと》を割譲され、遼東《りょうとう》半島の旅順《りょじゅん》・大連《だいれん》のいわゆる関東州の租借権と、中国の満洲地方を走る南満洲鉄道の管理権を委譲された。

また、日本は一九〇五年の第二次日韓協約で韓国を保護国化し、段階的に主権を吸収した。一九一〇年八月には韓国併合条約を締結して、韓国を併合している。さらに第一次世界大戦の結果、日本は一九二二（大正十一）年に赤道以北の旧ドイツ領の南洋群島を委任統治領として管轄し、行政権を行使した。

こうして日本は帝国として版図を拡大していった。

治安維持法と植民地の絡みで問題となるのが、植民地独立運動である。独立運動の盛んな朝鮮では、韓国時代の一九〇七年に保安法が制定され、併合直後の一九一〇年には朝鮮総督府が治安警察令を制定しようとした。[31]朝鮮全土に広がった一九一九年三月一日の三・一事件（三・一独立運動）に際して、朝鮮総督府は保安法を踏襲した制令第七号「政治に関する犯罪処罰の件」を公布している。

また朝鮮独立運動は、朝鮮と接する中国の満洲やロシア領でも行われ、レーニンのボリシェヴィズムの影響を受けていた。関東州の関東軍司令官立花小一郎《たちばなこいちろう》は、ソヴィエト政権に煽動された朝鮮人が共産主義の宣伝を独立運動に応用することを警戒している。[32]

さて、治安維持法の起草作業では、内務省は植民地独立運動に同法を適用することを想定していたようだ。内務省の参考資料は、統治権を否定・制限する「朝憲紊乱」の具体例として、「政府の顚覆。邦土僭窃《せんせつ》。殖民地独立企画。外国との合併計画」などを列挙している。[33]

治安維持法と植民地の関係は第五〇議会の貴族院でも議論された。小川平吉法相は明確に、「例えば帝国の一部分、朝鮮なら朝鮮、或はまた朝鮮の半分でも宜《よろ》しゅうございましょう、それを陛下の統治権から離して仕舞うと云うことは、其領土の部分が狭くなりましても、統治権其ものに触れる訳であります、統治権其ものを奪う訳でありますから、是は無論本法に触れるのであります」として、植民地独立は統治権の分離という見解を示した。

一九二五年四月二十二日の治安維持法の公布に続いて、二五年五月八日には勅令第一七五号「治安維持法を朝鮮、台湾及樺太に施行するの件」と勅令第一六七号「関東州及南洋群島に於ては治安維持に関し治安維持法に依るの件」がそれぞれ公布された。

朝鮮は民族独立運動が盛んという事情もあり、日本の植民地のうち最も治安維持法が適用された地域である。[34]

朝鮮——多数の起訴者

朝鮮総督府は、治安維持法が制定される以前から、民族独立運動の結社に対して独自の取締法をつくることを検討していた。治安維持法が施行されて間もない二五年六月十三日には、中村竹蔵《たけぞう》高等法院検事長（日本本国の検事総長に相当）が「治安維持法の適用に関する件」を通牒して、独立運動に同法を適用することを指示している。[35]

ただし、朝鮮で治安維持法が初めて適用されたのは、二五年四月に結成された朝鮮共産党と高麗《こうらい》共産青年会だった。二五年十一月の第一次朝鮮共産党事件が、把握できる限り日本本国と植民地をあわせて初めて治安維持法違反で検挙、起訴された事例である（荻野富士夫『外務省警察史』は、二五年八月の満洲の間島《カンド》における電拳団《でんけんだん》の検挙を第一号としている）。翌二六年六月には第二次検挙が行われて朝鮮共産党は壊滅状態となった。

二六年十二月に再建した朝鮮共産党は、合法的な民族団体の新幹会《しんかんかい》を立てて、大衆的政治闘争を展開する。しかし、共産党と新幹会の関係を察知した朝鮮総督府警務局は、三〇年から三一年にかけて朝鮮共産党に対する第五次検挙を行った。新幹会も三一年に解散に追い込まれてしまう。

純粋な民族独立運動はどうだっただろうか。二五～三三年の治安維持法違反の検挙者一万一六八一名、起訴者四四六四名のうち、「民族主義のみを指導理論とする」検挙者は五五六名（五%）、起訴者は三八三名（九%）だった。また三〇年代以降は、民族独立の手段として共産主義を利用するのが主流となった。

一九三〇年には高等法院で、朝鮮独立＝国体変革の論理を用いた判例が登場する。新幹会鉄山《てつざん》支会《しかい》事件（一九三〇年七月二十一日高等法院判決）と朝鮮学生前衛同盟事件（一九三一年六月二十五日高等法院判決）の判例により、「朝鮮独立＝帝国領土の僭窃＝統治権の内容の縮小＝国体変革」という図式が確立した。[36]

ただし、日本本国では朝鮮での治安維持法違反事件の解釈を疑問視する意見があった。一九四一年の新治安維持法にも、植民地独立運動に対する直接の罰則は盛り込まれていない。一九四三年九月一日の大審院判決は、「一領域をして　天皇統治権の支配下より離脱せしめ独立国家を建設せんこと」のように、微妙に文言を変えて「植民地独立＝国体変革」の論理を確立させている。[37]

その他、朝鮮での治安維持法の適用の特徴を先行研究からまとめておこう。[38]

第一に、検挙者総数に対する起訴率が三〇％と比較的高い。これは、警察がひとまず検挙するが起訴率は低い日本（一〇％）とは対照的である。

第二に、日本本国ではほぼ皆無だった協議罪と煽動罪も、朝鮮では二割ほど適用されている。これは、民族独立運動が、小人数の散発的な運動として行われたことによると見てよい。

第三に、朝鮮では「私有財産制度否認」の罪が一定程度適用されている。日本では私有財産制度否認のみを適用したのは二六年の京都学連事件、北海道集産党《しゅうさんとう》事件（名寄《なよろ》のプロレタリア文化運動に対する弾圧）など計三件にすぎない。一方、朝鮮では、「私有財産制度否認」の罪で処罰された者は、一九三三年までに一〇〇二人にもなる。朝鮮では純粋な共産主義運動が存外に多かったといえる。

第四に、殺人、放火、強盗殺人との併合罪で死刑判決が出ている。正確な死刑執行者の総数は不明だが、一九三〇～三一年の第五次間島共産党事件では一八名が死刑となり、うち一名は治安維持法の罪のみを問われて死刑を執行された[39]。

第五に、朝鮮に接する満洲の間島には多くの朝鮮人が居住し、朝鮮独立運動の拠点になっていた。日本政府は、治安維持法が施行領域外で罪を犯した者にも適用されることを定めた第七条を利用して間島の朝鮮人に治安維持法を適用した。外務省の領事館警察が容疑者を検挙したのち、朝鮮総督府地方法院（地裁に相当）に事件の管轄を移したのである。

第六に、朝鮮では三六年十二月十二日に朝鮮思想犯保護観察令が公布された。また、日本本国の新治安維持法に先駆けて、四一年二月十二日に朝鮮思想犯予防拘禁令を公布している（新治安維持法の施行に合わせて廃止）。朝鮮では四四年九月までに八九名が予防拘禁を受けている。これは日本本国よりも多い。

台湾と関東州

台湾での治安維持法の適用は、日本本国や朝鮮と比べて極めて少ない。

一九三五年の拓務省管理局の調査によれば、一九二六年から三四年までの台湾の治安維持法違反の検挙者は七〇一名である[40]。このうち四〇三名が台湾総督府地方法院（地裁に相当）に送致され、公判を請求されたのは七五名だった。これは同じ時期に朝鮮で検挙、起訴された者の一割にも満たない。

治安維持法の適用対象となったのは、一九二八年四月十五日に結成された台湾共産党である。台湾共産党は台湾農民組合を傘下に入れて農民運動の主導権を握っていた[41]。

ただし、台湾では思想犯に治安維持法以外の法令を適用するケースが多かった。一九二五～三四年に治安維持法以外で処罰された思想犯の数は、治安警察法一八五名、暴力行為等処罰法五〇三名、台湾違警例三七四名、新聞紙令・出版規則二九五名、森林令一三一名、その他九名の計一四九七名で、治安維持法違反者の倍以上にあたる。なお三〇年十月には、台中州で住民が日本人を虐殺し、軍に鎮圧された霧社《むしゃ》事件が発生したが、治安維持法は適用されていない。

ちなみに、台湾では保護観察と予防拘禁は実施されなかった（南樺太、南洋群島でも見送られた）。台湾は治安維持法違反者が少なく、少数の予防拘禁者のために制度を実施するのは妥当でないと判断されたためである。また、台湾の思想犯は「其の教養の程度も低く」彼らをして社会全般への思想指導を望めないという判断も加味されていた[42]。

最後に、関東州に触れておく。日本は日露戦争の後、一九〇六年に関東都督府を置いて軍政から民政に切り替えた。一九一九年には関東軍を分離して、純然たる行政機関の関東庁を設置した（一九三四年に関東局に改組）。関東庁警察は、旅順・大連の租借地と満鉄の付属地の警察行政を管轄していた。だが、関東州では外務省の領事館警察と関東軍憲兵隊が併存しており、関東庁警察と領事館警察はしばしば縄張り争いを起こしていた。

関東州での治安維持法違反者は、日本人、朝鮮人のほかに中国共産党などの中国人を含む。二五年から三三年の検挙者は四二〇名、起訴者は一六五名と比較的少ない。三六年十二月二十八日には、関東州思想保護観察令が公布された。

満洲国

一九三一年九月の満洲事変で関東軍が満洲の東三省を占領した後、日本の後ろ盾で満洲国が建国されたのは三二年三月一日のことである。満洲国はその地理的条件から、日本の傀儡《かいらい》国家として対ソ連の最前線となることを期待された。

満洲国の警察機構は、関東軍憲兵隊の影響を受けつつ、民政部警務司が各県の警察隊を統轄した。ただし関東庁警察と領事館警察は存続しており、警務機関を統一する機運が高まった。三七年六月に警務司は治安部に移り、軍政と警察が統合された。そして三七年十二月に日本との治外法権が撤廃されると、関東局警察と外務省警察は満洲国に接収され、警察が一元化された（関東軍憲兵隊は存続した）。

満洲国の治安上の課題は、満洲全域で掠奪《りゃくだつ》や襲撃を行っていた匪賊《ひぞく》対策である。そこで三二年九月十日、満洲国政府は暫行懲治叛徒法、暫行懲治盗匪法を制定する。前者は、「国憲を紊乱し国家存立の基礎を危殆《きたい》若は衰退せしむる目的」の結社に、死刑を含む重刑を科すものである。一方、後者は、殺人や暴行を用いた盗賊行為を処罰するものである。

この二つの法は、現場の裁量で検挙者を殺害する「臨陣格殺《りんじんかくさつ》」を認めていた。特に匪賊討伐が多い暫行懲治盗匪法では、憲兵と警察隊が裁判なしの「臨陣格殺」を濫用するケースが多かった。裁判が有名無実化する状態を憂慮した満洲国司法部行刑司は、日系の司法官が担当する代わりに審理を短縮した「治安庭《ちあんてい》」を、三八年五月から実施している。

日中戦争が勃発して以降、満洲国の治安対策は共産主義運動をターゲットに加えた。四一年四月の関東軍参謀部の観測によれば、共産主義系の武装組織には、①北部の一路《いちろ》軍、②黒《こく》河《か》省のソ連国境から侵入する匪賊、③中国国境の長城《ちょうじょう》線から侵攻する八路《はちろ》軍があった。[43]

ただし、暫行懲治叛徒法と暫行懲治盗匪法は、共産主義運動を取り締まる条項を備えていない。他方、日本の治安維持法では武装勢力に対抗する術はない。そこで満洲国政府は四一年十二月二十七日、治安維持法を公布した。

満洲国の治安維持法は、第一に、第一条で国体変革を目的とした団体に最高で死刑を科した。また匪賊対策として強暴《きょうぼう》、脅迫による強盗、殺人、放火等を行う団体にも死刑以下の重罪を科した。

第二に、臨陣格殺が引き続き認められた。ただし、暫行懲治叛徒法にあった宣告猶予も採用されており、匪賊に対して情状を酌量することが制度上は可能であった。

第三に、国体を否定する事項を流布する団体に最高で死刑を科している。この「国体」とは、満洲国の皇帝と帝室を指すだけでなく、日本の天皇と皇室を含む。したがって日本の国体変革や国体否定も処罰の対象となった。

満州国における治安維持法の適用は、一説には一万数千人とも言われるが、正確な数字は不明である。なお、満洲国の思想矯正法（一九四三年九月十八日公布）は、再犯の恐れを認められた思想犯について、検察庁が判断して、保護観察または予防拘禁に処す措置である。制度は一九四三年末に施行されたが、戦争中の物資不足もあって十分に機能しなかった。

大東亜共栄圏と治安維持法

日米開戦から間もない一九四一年十二月十四日、東條英機内閣は日本、満洲国、中国の協同体構想としての大東亜共栄圏を声明した。

近年、この大東亜共栄圏にヒントを得て、「大東亜治安体制圏」なる治安維持体制が構想されたとの見方がある。[44] これは、日本がアジア・太平洋地域で戦争を繰り広げる過程で、戦争を円滑に遂行する総力戦体制を構築するために、日本・満洲国・朝鮮・台湾そして占領地の総体としての治安体制を目指したという説である。

日本が交戦したのは英・米・中国・オランダだが、忘れてならないのがソ連と共産主義勢力の存在である。日中戦争では、日本軍は国民党軍と提携した中国共産党軍を相手とした。三八年十一月、北支那方面軍は「共産思想を絶滅すると共に抗日意識を芟除《さんじょ》せんが為」、思想対策の調査研究を目的とした「北支滅共委員会」を設置している。[45]

また、満洲国は対ソ連の最前線であり、四一年四月に日ソ中立条約が締結された後もそれは変わらなかった。太平洋戦争の開戦とほぼ同時に、満洲国が治安維持法を制定したことは、日本と満洲国が「反共」という治安上の課題をあらためて確認したことを示唆する。

在満洲国日本大使館が日本の外務省に送った報告書によると、満洲国の治安問題としては、中国国境の南西部の中国共産党、北西部のソ連の間諜、北東部の第一路軍（東北抗日聯軍《こうにちれんぐん》）が挙げられた。このうち最大勢力の中国共産党は、熱河省《ねっか》を拠点として宣伝工作や襲撃を行っており、四三年十二月には国境内外に五五〇〇名の「党匪」が確認されている。[46]

また、中国共産党と提携した日本共産党の存在も疑われた。報告書いわく、「日本共産党は日蘇関係の急変時に当りては中共の武力を基礎とし華北又は東北に東亜『ソヴィエート』聯邦政府樹立を劃策《かくさく》しあるものの如く」あるという。[47] このように日本と満洲国は、過大評価を含めて中国共産党を警戒していた。大東亜共栄圏において、共産主義勢力の取り締まりは国内の治安維持にとどまらず、対外戦争の性格を強めていったのである。

四五年八月、日本の敗戦によって満洲国は消滅した。日本が撤退した後の中国大陸では中国国民党と中国共産党の内戦に突入し、共産党が勝利して四九年十月に中華人民共和国が成立した。大東亜共栄圏が崩れ去った後、アジアにはヴェトナム、中国、北朝鮮と複数の共産主義政権が生まれた。それは奇《く》しくも在満洲国日本大使館の予想したところだった。

終章　終焉、そして戦後

1　罪と罰

東久邇内閣の対応

日本が受諾したポツダム宣言の第一〇項目には、「日本国政府は、日本国国民の間に於ける民主主義的傾向の復活強化に対する一切の障礙《しょうがい》を除去すべし。言論、宗教及思想の自由並に基本的人権の尊重は、確立せらるべし」という一節があった。これは戦後日本の民主化を決定づけるものであり、治安維持法が遠からず廃止されることを暗示していた。

玉音放送から二日後の一九四五（昭和二十）年八月十七日、皇族の東久邇宮稔彦王《ひがしくにのみやなるひこ》内閣が発足する。この内閣の役目は、占領軍を受け入れながら自主的に自由化を進めることと、国内の治安を維持することだった。東久邇はこの二つの課題の間で揺れ動くことになる。

八月十八日の閣議で、東久邇は早速、全ての政治犯の釈放と、言論・集会・結社の自由の容認を打ち出した。[1] さらに八月二十八日の閣議では、山崎巌《やまざきいわお》内相の提起で、届け出た集会や結社は原則として許可する方針をとった。[2] 同じ二十八日、東久邇は記者会見で「言論結社は自由にする、近く総選挙を行って正しい民意の反映を見るようにする、憲兵の政治警察は全廃した、特高警察の徹底的是正も内務当局に下命する」ことを声明している。

こうした東久邇内閣による自由化の方針を共産党の公然化と受け止める者もいた。鳩山一郎は、日記に「外務省其他政府の当路者は結社、言論の自由を認めたる今日は共産党を当然に認むべしとするも、彼等は自由の意義を解せざるなり」[3] と綴っている。

一方、特高警察の監視を受けていたある特別要視察人は、「今后《こんご》の政治的動向は社会民主主義政党は勿論《もちろん》共産党も公認さるることになるだろう。而《しか》して現行治安維持法及言論取締法規は凡て一応廃止され国民の自由意志の下に政治は運営されるべきだと思う」と期待していた。[4]

こうした不安や期待とは裏腹に、東久邇内閣は特高警察と治安維持法を存続させた。

富山県特高課長で終戦を迎えた宮下弘によれば、四五年九月の特高課長会議で、岡崎英城《おかざきひでき》警保局保安課長は「治安維持法は厳として存在する、共産党員は検挙せねばならない」「特高課は名前ぐらいは変えるかもしらんが、本質は変わらぬ、今後もずっと存続する」と述べたという。[5] 一方、岡崎本人は、外務省政務局第一課長の曽禰益《そねえき》から一刻も早く特高の解体と関連法の廃止を勧告され、岡崎も取締法を廃止する緊急勅令を準備していたという。[6]

真相はどうか。内務省は、国体変革を目的とする結社や運動には治安維持法を適用すること、国体否定や私有財産否認については問わないこと、予防拘禁制度は適用を差し控えることを方針としていた。[7] 内務省は段階的な廃止を考えていたが、共産主義者を牽制するために治安維持法を温存しようとしたのだろう。

もっとも、現場では終戦後、治安維持法による検挙は控えられた。また、警察の取り調べ中に終戦を迎え、起訴猶予となるケースもあった。新潟県の朝鮮人労働者の例では、「右者に対する治安維持法違反被疑事件（朝鮮独立）に関しては曩《さき》に御指示を受け所轄検事局の指揮に依り取調中の処《ところ》今次終戦の為犯罪の客体を失ひたる結果と相成りたるも九月十一日所轄検事局へ事件を送致し九月十二日起訴猶予処分と決定相成りたる」云々とある。[8] 警察は、終戦で治安維持法が失効したという認識を持っていたことになる。

一方で終戦後は、横浜事件のように駆け込みで公判を行うこともあった。思想犯の釈放は進まず、九月二十六日には哲学者の三木清が栄養失調の末に獄死した。十月一日時点の治安維持法違反の受刑者は二八一名で、終戦後に刑期を始めた者も四名いた。[9]

九月二十七日、内閣参与の大佛次郎《おさらぎじろう》は東久邇に面会して、治安警察法の廃止と、暴力行為の取り締まりの強化を進言している。[10] おそらくは治安維持法についても廃止を求めただろう。暴力行為については、将来のファシズムの発生を警戒したためである。ただし大佛は、「アメリカから云って来る前に果断にやって貰《もら》いたいのだが今の内閣の腰抜けでは心もとなし」と冷ややかであった。この一週間後、東久邇内閣は青天の霹靂《へきれき》に直面する。

治安維持法の廃止

一九四五年十月四日、ＧＨＱは「政治的、市民的及宗教的自由に対する制限除去の件」、いわゆる「人権指令」を東久邇内閣に通牒した。この指令は、①思想、宗教、集会、言論の自由に対する取締法の廃止、②特高警察の解体、③政治犯の即時釈放、④内相以下警察幹部の罷免を要求したものである。要求を呑めない東久邇内閣は翌五日に総辞職した。

人権指令が発令された背景には、国際政治、国内政治、ＧＨＱの三つの要因がある。

第一に、日本占領をめぐる米英ソの駆け引きが挙げられる。九月十一日からのロンドン外相会議では、イギリスとソ連が、それぞれアメリカによる排他的な日本占領に反対して共同の管理委員会を提案した。[11] 会議は十月二日に閉会したが、人権指令がこの直後の十月四日に出たのは偶然ではない。人権指令は、英ソ、特にソ連に対してアメリカが単独の日本管理を決定づける一手だった。

第二に、東久邇内閣は治安維持法を温存しようとしてGHQの不興を買った。九月二十九日、マッカーサーと会見した東久邇は、政治犯の釈放の手続きが進まないことについて釈明した。東久邇はさらに共産党員の即時釈放を主張したが、これはむしろマッカーサーが反対したという。[12]

しかし、十月三日に山崎巌内相がロイター通信と『シカゴ・トリビューン』の外国人記者に応じたインタビューは、GHQを刺激した。十月四日のアメリカ軍機関紙『スターズ・アンド・ストライプス』は、「山崎内相は思想取締の秘密警察は現在なお活動を続けており、反皇室的宣伝を行う共産主義者は容赦なく逮捕する」旨言明したなどと報じた。[13]

また岩田宙造法相も、十月三日の中国中央通信社特派員のインタビューで、「〔治安維持法の〕撤廃は考慮していないが、修正を加える必要はあると考え、既に具体的に考慮している、しかし法律の改廃は議会の権限に属するが、ただ緊急勅令という方法もある」と回答した。[14]

大臣の発言がGHQの不興を買ったことは否めない。ただし岡崎英城によれば、山崎は十月二日の閣議に、「天皇の尊厳維持に関する取締条項（不敬罪等）」のみを残して他を廃止する緊急勅令を提出していたという。[15]山崎は五日、「国体を変革せんとする共産主義者は取締るが、治安維持法の取扱についても、私有財産否認の運動等については将来緩和するか、乃《ない》至《し》は取締らないことになろう」と釈明した。[16]また、岩田の発言も、緊急勅令で治安維持法を改廃する可能性に触れている。

人権指令を受けて、内閣書記官長の緒方竹虎は四日の閣議で総辞職を提案した。[17]そして四日夜、緒方が東久邇に面会して「特に天皇制に対する思想及言論の自由を禁ずる法令を撤廃は、殿下の内閣ではどうも我慢出来ないことで、これは内閣の進退を決する場面に突当っていると思います」と促し、東久邇も総辞職を決意したという。[18]

十月五日、東久邇内閣は総辞職した。この日、司法省は政治犯の釈放を命じ、約二五〇〇名が十月十日付で釈放あるいは保護観察を解除された。また、十月四日時点で特高警察、保護観察委員会、保護観察所の職にあった者は休職処分となった。そして十月十三日、幣原喜重郎内閣は治安維持法の廃止を決定した（十五日公布）。十一月二十一日にはGHQの指摘を受けて治安警察法も廃止された。

なお、GHQ内部では参謀二部（G2）と民政局（GS）の対立があった。GSのマーカム中佐は、治安維持法の廃止と特高の解体がなければ民主化はできないとして、GHQ内の反対を押し切ってこれを断行した。[19] 一方、反共主義者を自認するウィロビーを局長とするG2は、GSとの対立を強めていった。

こうして、治安維持法は二〇年に及ぶ歴史の幕を閉じた。もとよりポツダム宣言の受諾に際して、治安維持法は死に体となっていた。終戦直後の混乱状況において共産主義者を警戒していたとはいえ、東久邇内閣の対応はやはり遅かったといえる。そして、人権指令によって治安維持法が廃止されたことは、今後の治安政策がGHQの意思にもとづいて行われることを意味した。

共産党と天皇制

戦時中に解散していた政党は終戦直後から再建を開始した。人権指令のおかげで天皇や国体に関する言論の自由は保障されたが、明治憲法はまだ施行されていたから、天皇の扱いは一つの争点となった。表10は国体と天皇制に関する各政党の方針をまとめたものである。

まず戦前の政党の流れを汲《く》む保守政党の進歩党、日本自由党、日本協同党は、いずれも綱領に「国体護持」と「民主政治」を掲げていた。ただし、進歩党はその多くが大政翼賛会の参加者であり、四六年一月の公職追放でほとんどが脱落した。一方、非翼賛会系の日本自由党は、鳩山一郎総裁のもとで反共連盟の結成を目指した。

表10　国体と天皇制に関する各政党の方針

政党	声明・綱領
進歩党	国体を擁護し、民主々義を徹底し、議会中心の責任政治を確立す。
日本自由党	国体を護持し、民主的責任政治体制を確立し、学問、芸術、教育、信教を自由にして、思想、言論、行動の暢達《ちょうたつ》を期す。
日本協同党	我等は皇統を護持し民意の反映たる議会を中心とする民主主義的政治体制の確立を期す。
日本社会党	冷厳なる敗戦の現実を直視し、光輝ある国体護持の下、新日本建設に挺身するには、今後に於ける我等国民大衆の責務なりと痛感致し候。(結党のよびかけ)
日本共産党	一切の民主々義勢力の結集による共同戦線の組織と拡大、天皇制の打倒、人民共和政府の樹立（人民戦線綱領）

伊藤隆『昭和期の政治』『日本社会党20年の記録』『朝日新聞』より作成。日本社会党は安部磯雄、高野岩三郎、賀川豊彦による結党のよびかけ（1945年9月14日）

続いて無産政党は、当初は右派が主導権を握り、結党の呼びかけでも「国体護持」を掲げていた。ただし、四五年十一月二日に結党した日本社会党は、綱領では天皇制には触れていない。

そして日本共産党は、四五年十月十日に釈放された徳田球一、志賀義雄らが「人民に訴う」を発表して、天皇制打倒を声明した。十一月十一日に発表された人民戦線綱領は、やはり天皇制打倒と人民共和政府の樹立を第一に掲げている。党内には社会党との人民戦線をつくる上で天皇制打倒を疑問視する意見もあったが、徳田たちはこれを抑えた。[20]

もっとも、国民の大多数は何らかの改革が必要と認めながら天皇制を支持した。そしてGHQも占領統治をスムーズに行うために天皇制を維持した。四六年一月一日の人間宣言によって昭和天皇の神格性は公式に否定され、象徴天皇制への先鞭がつけられた。

共産党の方針転換のきっかけを作ったのが野坂参三《のさかさんぞう》である。中国共産党に身を寄せていた野坂は、天皇制の存続を人民投票で決定するよう主張していた。四六年一月十二日に帰国した野坂と共産党は十四日共同声明を公表し、①天皇の戦争責任は断乎追及する、②天皇を政治権力から完全に引退させる、③皇室の存廃は国民の判断によることを宣言した。四月の衆議院選挙を前に、野坂は「愛される共産党」を掲げた。なお、共産党はGHQを解放軍として讃え、蜜月《みつげつ》ともいえる関係を結んでいた。

四六年四月十日の第二二回総選挙では自由党が第一党となり、進歩党、社会党、協同党と続いた。だが鳩山は五月四日に公職追放を受けて組閣を断念した。鳩山追放の理由には、田中義一内閣の書記官長として治安維持法改正に賛成したこと、斎藤実内閣の文部大臣として瀧川事件の処分を行ったことが挙げられた。

共産党は総選挙で五議席を獲得し、数字以上に労働者やインテリの支持を得ていた。しかし、五月十九日の食糧メーデーを受けて、マッカーサーは二十日、「大衆による示威運動及び無秩序な行動に対する警告」を声明した。吉田茂内閣の時代には、GHQは共産党に対する態度を硬化させ、四七年二月一日の二・一ゼネスト中止に至って方針を転換した。逆コースの開始である。

東京裁判と治安維持法

戦後、新聞報道などで治安維持法の実態が明らかとなり、特高や検察に対する追及が始まった。手段としては、①特高警察官の拷問に対する刑事告訴、②警察・司法関係者の公職追放、③戦争犯罪人としての追及がある。①としては横浜事件がある（後述）。②では、人権指令によって警察関係者四九九〇名と保護観察所・保護観察委員会関係者一一八五名が罷免された。次いで一九四六年一月四日の公職追放令によって、特高関係者三一九名、思想司法関係者二五名が公職を追放されている[21]（ただし追放解除後に復職した者もいた）。

そして、四六年五月三日に開廷した極東国際軍事裁判（東京裁判）では、治安維持法の作成者も戦犯として追及される可能性があった。日本共産党員の志賀義雄は、「戦争は長期にわたって準備されて来たものであり、一九二五年制定された治安維持法の如き弾圧的法律の作成者、執行者も戦争犯罪人に含まれねばならない」と主張している[22]。

東京裁判で検事役を務めた国際検察局（ＩＰＳ）も、自由と民主主義を否定する手段として治安維持法に着目した。四七年三月十四日の報告では、ＩＰＳオランダ代表（ムルダー少将）は次のように批評している。

治安維持法が本来、共産主義運動を取り締まるために制定されたことはほとんど疑いない。しかし、その規定は余りに漠然としているため、あらゆる運動、あらゆる意見の発表を取り締まるために用いられ得る[23]（以下略）

この批評は、治安維持法が抽象的な文言のために拡大適用を許したという戦後の評価とも重なる。ただ、法の目的がもともとは共産主義運動の取り締まりである点は認めている。

仮に治安維持法の作成者を戦犯としたならば、一九二五（大正十四）年制定時の若槻礼次郎内相と小川平吉法相、川崎卓吉警保局長と山岡万之助刑事局長が該当しただろう。しかし、小川と川崎は死去しており、日本大学総長の山岡は公職を追放されたが戦犯からは除外された。そして若槻は戦前の政党政治家としてアメリカ側に高く評価されていた。

二八年改正の当事者はどうだろうか。内相の鈴木喜三郎と望月圭介、法相の原嘉道は死去していた。刑事局長の泉二新熊《もとじしんぐま》と警保局長の横山助成《すけなり》は公職追放された。そして四一年改正の平沼騏一郎内相はA級戦犯として起訴されたが、治安維持法の件は問われていない（法相の柳川平助は四五年一月に死去）。

ＩＰＳも十分な知識を持っていなかった。A級戦犯容疑者の安倍源基《あべげんき》は、一九二五年当時は高知県商工水産課長だったにもかかわらず、治安維持法の作成者として嫌疑をかけられた。[24]

安倍は存命中の関係者の名前を出さず、嫌疑不十分で釈放されている。

結局、ＩＰＳは治安維持法の作成者を戦犯に問わなかった。ただし、日本人弁護団副団長の清瀬一郎は、冒頭陳述で治安維持法に言及している。かつて治安維持法の制定に反対し、京都学連事件の弁護人も務めた清瀬は、東京裁判ではこの法律をどのように語ったのだろうか。

戦争前には、日本に於ては世界の各国と同様、言論の自由は尊重されて居りました。ただ我国では一九二五年以来共産主義並に過激国家主義の宣伝は法律を以て之を禁止したのは周知の事実であります。日本国民は私有財産制度の維持を希望しました。又我国では国民尊崇の目標である皇室を誹謗することを最も嫌って居るのであります。共産党は私有財産制度を否認し、又皇統を覆さんといたします。

日本に於ては一九二〇年代からして共産党の活動が活発となり私有財産制度及我国体を覆滅《ふくめつ》せんとする地下活動が全国に蔓延せんと致しました。斯《か》かる場合に之を禁止することは主権ある国家としては当然のことであります。これは戦争の準備でも計画でもないのであります。

此の事は此の治安維持法なるものは自由主義を信条とする日本の三政党鼎立の内閣で

提案されたことに依っても証明せられます。言論指導の情況は証拠を以て立証せられます。なお一旦《いったん》戦争が開始せられた以上防諜の必要上言論に於ても相当の制限を必要とすることは言うを俟《ま》たぬ所でありまして各国とも例外なくかかる制限を採用しております。彼《ひ》と此《し》とを混同せられてはなりませぬ。

思想統制の対象は上記の左翼運動だけではなかったのであります。右翼運動即ち極端なる国家主義運動もその対象でありました。被告のある者は在職中かかる運動の統制の任に当った事があります。[25]

清瀬は、治安維持法が「過激国家主義」を取り締まったと言っている。これは事実とは異なるが、内相を務めた平沼騏一郎や東條英機を擁護する意図もあったと思われる。また、日本共産党を、天皇制に反対する存在として論じている。共産党の危険性を強調しようとしたためだろう。そしてもっとも重要なのは、治安維持法が「三政党鼎立の内閣」の加藤高明内閣で提案された点を強調していることだ。清瀬本人は与党革新倶楽部でありながら治安維持法に反対した一人だったが、戦前の政党政治の矜持《きょうじ》を示したかったのだろう。

横浜事件の再審請求

戦後、横浜事件の元被告たちは名誉回復のための長い裁判闘争を繰り広げた。

一九四五年十一月十三日、元被告三三名は、笹下会《ささげかい》（笹下は横浜拘置所のあった地）を結成して、拷問を行った特高警察官三〇名を特別公務員暴行傷害罪で告発した。告発状は海野普吉ら代理人の手で四七年四月十七日、横浜地裁に提出された。

だが元被告も一枚岩ではなかった。改造社の相川博《あいかわひろし》は獄中で「泊」会議を認める手記を書いたためにスパイと非難された[26]。再建された改造社には相川以外の元被告は復帰せず、相川も四八年六月死去した[27]。

中央公論社では元被告八名のうち二人が獄死し、二人は社に復帰し、四人は別の道を歩んだ。木村亨は細川嘉六の薦めで『赤旗』編集局に入ったが、主筆の志賀義雄と対立して退社した。木村は参議院議員となった細川に誘われて共産党に入党している[28]。

笹下会の告訴は元特高警察官三名を相手取って行われ、五二年四月二十四日の最高裁判決では三名の実刑が確定した。だが、四月二十八日のサンフランシスコ講和条約発効に伴う大赦により、この三名が刑務所に入ることはなかった。

その後、元被告六名と遺族三名が横浜事件の再審を請求するのは、八六年七月である[29]。

第一次再審請求は、特高警察官の拷問という事実を根拠として、元被告の自白の信憑性に疑問を呈するものだった。八八年三月二十八日、横浜地裁は、訴訟記録が現存しないことを理由に請求を棄却した。だが、実は終戦直後に訴訟記録を焼却したのはほかならぬ横浜地裁だった。東京高裁と最高裁も棄却を決定して確定した。

続く第二次再審請求は九四（平成六）年七月二十七日に始まった。元被告は元改造社の小野康人（故人）の予審終結決定書と判決書を資料に利用したが、これも棄却された。

第三次請求の抗告中の九八年八月十四日、第三次請求が始まる。すでに元被告は全員他界している。この請求で初めて再審が決定された。しかし横浜地裁の決定は、治安維持法が廃止され被告人が大赦を受けたことを理由とする「免訴」であり、無罪を求める弁護団の目標は達せられなかった。

再審裁判の帰趨《きすう》は、二〇〇二年三月十五日からの第四次再審請求に委ねられた。この請求でも再審が決定され、二〇〇九年三月三十日に横浜地裁は再び「免訴」を下した。しかし大島隆明《おおしまたかあき》裁判長は、免訴の決定は「法的な障害」によるものであり、「被告人に対して無罪を言い渡すべき、新たに発見した明確な証拠」があることを認めた。そして、元被告の名誉回復の手段として刑事補償請求を勧めたのである。四月三十日、弁護団は横浜地裁に小野康人の刑事補償を請求した。

二〇一〇年二月四日、横浜地裁の大島裁判長は、「泊」会議は虚構であり、小野がコミンテルンや共産党の目的を達成するために細川論文を掲載した証拠は存在しないことを認め、無罪を相当として刑事補償を決定した。同日、第三次再審請求でも刑事補償の決定が下された。二四年間にわたる再審裁判は、裁判所が刑事補償というかたちで元被告の無罪を証明したことで終結した。「決定は、横浜事件が権力による犯罪だったことを認めたのである」[30]。

2 治安維持法が残したもの

団体等規正令

さて、以下は戦後の取締法について簡単に述べていきたい。

GHQが当初警戒したのは、戦前の軍国主義や国家主義を引き継ぐと見なされた右翼団体だった。一九四六（昭和二十一）年一月四日、GHQは「或る種類の政党、協会、結社その他の団体の廃止に関する覚書」（「覚書」）を幣原内閣に通知して、「（a）占領軍に対する反抗若《もし》くは反対又は連合国最高司令官の指令に基いて、日本国政府が発した命令に対する反抗又は反対」など七項目に該当する団体を禁止するよう要求した。

「覚書」は、「秘密的、軍国主義的な超国家主義的な、又は反民主主義的な結社や団体の結成を防止すること」を謳い二七の国家主義団体を廃止すべき団体として名指している。

「覚書」を受けて、四六年二月二十三日、幣原内閣は勅令第一〇一号（政党、協会其の他の団体の結成の禁止等に関する件）を公布する。これはポツダム宣言の目的を達成するためのいわゆるポツダム勅令であり、同じく七項目に該当する団体を禁止した。

さらにその後、勅令第一〇一号を改正して、過激な左翼団体に対する規制を盛り込んだのが、四九年四月四日に公布されたポツダム政令の団体等規正令である。当時の法務庁特別審査局は、「表面民主主義・平和主義を標榜した悪質団体」の規制に困難を覚えていた[31]。そして第三次吉田内閣は、GHQの示唆を受けて勅令を改正したのである。四九年一月の衆院選で共産党が三五議席に躍進したことも背景にあっただろう。

規正令は第一条第一項で、「秘密的、軍国主義的、暴力主義的及び反民主主義的な団体」の結成と指導を禁止している。「反民主主義的」を明記したのは、「覚書」の文言を踏襲したのと、左翼団体の規制を示したためと推測される。また、原案は団体の結成だけを禁止していたが、指導も禁止された。なお、原案では「不法団体等禁止令」という名称も候補に挙がっていた[32]。

また、規正令は団体の調査権を規定し、団体に機関誌の提出を義務づけた。政治団体は支部ごとに届け出を義務づけられたから、政府は共産党の末端組織（「細胞」）と党員を把握することが容易となった。規正令は共産党員の所在を明らかとし、共産主義者の公職追放や企業解雇（レッド・パージ）の情報元となったのである。[33]

四九年六月、法務庁の法務府への改組に伴い、法務府特別審査局（特審局）は組織を拡充し、団体に対する調査と規制を握る強力な部局として活動した。

破壊活動防止法

一九五二年七月四日、第一三回国会で破壊活動防止法、いわゆる破防法が成立した。

破防法が成立した背景として、第一に、四九年の中華人民共和国の建国と五〇年六月の朝鮮戦争によって、東アジアの冷戦が本格化したこと。第二に、五〇年一月にコミンフォルムの批判を受けて、日本共産党が五一年十月の第五回全国協議会で武装闘争方針を採択したことがある。

こうした背景をもとにGHQと第三次吉田内閣は、共産主義陣営に対する安全保障政策として共産党対策を強化した。五〇年六月六日、GHQは共産党中央委員二四名の公職追放を指令した。GHQと吉田内閣は、共産党の解散＝非合法化は避けたものの、団体等規正令や占領妨害行為違反を適用して共産党員を検挙している。

一九五一年九月、日本はサンフランシスコ講和条約に調印し、独立を果たした。同時にアメリカとは日米安全保障条約を締結している。これを期に、吉田内閣は講和独立後の独力による共産党対策を検討する。

特審局は一九五〇年三月頃から外国の立法を調査し、世論の動向を鑑みて二十数回にわたって法案を推敲《すいこう》している。[34]

共産党を禁止する「反共立法」として特審局が早くから注目したのが、五〇年九月に成立したアメリカの国内安全保障法である。この法律は、「共産主義団体」に対して届け出を義務づけるなど様々な規制をかけ、団体を解散させることを認めたものである。当時のマッカーシイズム＝赤狩りを象徴する法律であり、ソ連を筆頭とする共産主義陣営に対抗する意図は明白だった。トルーマン大統領は拒否権を行使している（上下両院が再可決）。この法律を踏まえて、特審局は自由主義陣営の集団防衛の一環として「反共立法」の必要性を認めている。[35]途中まで破防法案をリードした大橋武夫《おおはしたけお》法務総裁も、日米安全保障体制に反共立法を組み込む構想を持っていた。[36]

他方で、破防法には非軍事的なレベルで治安問題に対処する意図が込められていた。すなわち旧日米安保条約には、日本国内で内乱や騒じょうが発生した時、米軍が治安出動できるという規定があった。途中の草案には次のような書き込みがある。

共不合法化のみを押えたのでは他の経済組織等に湧出《ゆうしゅつ》したときに押えられぬ
予備隊なり、米国をして日本人に銃を向けた後の事態はどうなるか
それを未然に防止するのが我々の立場、日本だけの共産党ならさわぐ要なし
不法団体等規制法
暴力主義的団体等取締法[37]

「吉」の主は吉田茂首相か、あるいは吉河光貞《よしかわみつさだ》特審局長か。いずれにせよ、米軍をして国民に武器を向ける事態を避けるために、危険の芽となる団体を解散させなければならない、という意思があったと考えられる。

特審局の起草作業は一九五一年三月から始まった。法案の名称は公安保障法、団体等規正法、特別保安法、破壊活動防止法案と移り変わっている。十月二十日の団体等規正法（仮称）第五次案から、緊急時の治安妨害行為に対する緊急拘禁の規定が削除された[38]。

五二年四月十七日、破防法は第一三国会に提出された。

この法案は、団体が「暴力的破壊活動」を行うことを禁止し、また暴力的破壊活動を行った者を処罰する形式をとっている。また、公安調査庁は破壊活動が認められた団体の解散を請求し、公安審査委員会が審査した上で解散を決定した。

国会での最大の争点は、「暴力主義的破壊活動」に、内乱・外患誘致の「せん動」を含めるか否かである。規制の対象には「せん動」の予備行為も含まれ、ビラを作るなどの言論や出版の自由を制限することが懸念された。政府は、共産党が警察や税務署、自衛隊などに対する襲撃事件を起こしていること、共産党が闘争方針を記した秘密出版物（『球根栽培法』）を頒布していることを理由に挙げた。

衆議院では、与党の自由党が「せん動」の存置を、野党改進党は削除を主張したが、自由党案が可決された。参議院では社会党が「せん動」の削除を主張したが、定義を明らかにして濫用を禁止する緑風会の修正案が可決された。五二年七月四日には徹夜国会の末に、破防法、公安調査庁設置法、公安審査委員会設置法が成立している。

破防法に対しては、今日でも治安維持法のような濫用を懸念する意見が根強い。「暴力主義的破壊活動」の意味が抽象的であること、公安調査庁が団体を恒常的に監視できること、ひとたび団体が解散されれば再建のための行為は罰せられること、などが指摘されている。[39]

その結果、破防法の適用は慎重に行われてきた。刑事事件は二〇一一年までに八件にとどまる。うち四件は一九五二年、内乱を助長する文書を配布したとして共産党系の人々が検挙されたものだが、検察は四件を不起訴とした。その後、一九六一年に右翼過激派の一件（三《さん》無《む》事件）、一九七〇年に七〇年安保闘争の新左翼の三件が検挙され、有罪となっている。[40] 団体規制に関しては、成田空港闘争や学生運動に対する適用が検討されたものの、いずれも見送られた。公安調査庁が団体の解散を請求したのはわずかに一回、一九九五年のオウム真理教に対してである。しかも公安審査委員会は請求を棄却した。

このように実際の適用が少ないことから、破防法の必要性を疑問視する意見がある。また、法律の存在自体が団体を萎縮させる側面があることは否めない。

破防法を制定するにあたって、特審局次長の関之《せきいたる》は、「治安維持法の苦い経験」を繰り返さないことを再三唱えている。[41] 破防法を後押しした吉田茂も、団体を安易に解散させてはならないと自覚していた。[42] 今のところは、治安維持法はその汚名をもって破防法の反面教師を演じている。

共産党の非合法路線に備えるという当初の目的は消滅したが、組織的なテロを防ぐために、今後も破防法は必要と考えられる。しかし、制定時の議論などを伝えていくことで、暴力行為の取り締まりという法の趣旨を逸脱せず、慎重な運用を心掛ける必要があるだろう。

治安維持法とは何だったのか

社会学者の清水幾太郎が、戦後になって治安維持法を肯定してみせたことは本書冒頭で述べた。

清水は、思想・出版の自由に比べて結社の自由は制限されるべきだと主張した。いわく、人々が社会に不満を持っている時、彼らはその不満を解消するために結社を組織し、国家に挑戦する。一方で、結社の挑戦を受ける側の国家が自らを守るために結社を制限するのは、自然なことである。[43]

一方、憲法学者の奥平康弘は、思想・出版・結社の三つの自由は互いに連関しており、一括して考えるべきである、と反論した。また、結社は本来コミュニケーションを目的とした人と人との結合であって、社会を変革しようとする物理的な行為をただちには意味しないという。[44]

ここでもう一度、治安維持法が一九二五年の加藤高明内閣で、「結社」取締法として成立したことを確認したい。

天皇主権を建前とする明治憲法は、政党政治はおろか議院内閣制すら保障していなかった。それでも一九二〇年代の政党は、治安維持法に頼ることなく、自分たちの政治的自由を確保することもできた。しかし三〇年代になって力を失った政党は、治安維持法の拡大を容認するのみならず、テロから身を守ろうとして同法に保護を求める有様だった。そして、四〇年代に政党が消滅した後には、治安維持法の膨張を抑えるものは誰もいなかった。

政党政治にとって治安維持法は融通無碍《ゆうずうむげ》で御《ぎょ》しがたい「鬼子《おにご》」だった。それでは、生みの親の政党は何をすべきだったのだろうか。

ここで思い出すのは清沢洌と大佛次郎である。二人は戦後日本に、言論の自由と、暴力に対する取り締まりを求めた。治安維持法は、暴力や革命の発生源となる結社を取り締まろうとした。しかし、本来は暴力から保護されるべき言論へと手を広げ、数多《あまた》の悲劇を招いた。政党は言論の自由を守るために、共産主義思想よりもまず不法な暴力（いわれのない誹謗中傷も含まれる）を排除することを目指すべきだった。実際に、国家主義運動によるテロリズムを取り締まることで、それは可能だったはずである。

また昭和天皇は、三種の神器を守ることをも含めて、ポツダム宣言の受諾を決意した。「国体」の定義は、日本の命運を背負わせるには漠然としすぎていた。政党は何を守るかを明確にするために、もっと真摯《しんし》に言葉を選ぶべきだった。

現代社会においてまず尊重されるべきは、個人の言論であり、そのためには思想、出版、結社の自由はみな大切である。そして個人の言論を不当に抑圧することは方法を問わず許されない。そのような結社はやはり規制されるべきである。

治安維持法の「悪法」としての歴史は、戦前の政党政治の全盛、衰退、消滅の歴史とも重なる。そして、自由と民主主義を守る上で何が必要かを、我々に遺してくれた。

おわりに

本書は、筆者が二〇〇八年に東京大学に提出した博士論文の一部を再構成し、大幅に加筆修正したものである。また、二〇〇九年に日本政治学会で行った発表をもととした「治安維持法の再検討―政党内閣期（一九一八～三二）を中心として―」（『年報政治学』二〇一〇―Ⅰ）も本書の前身となっている。

これらの論文は、政党政治全盛だった一九二〇年代になぜ治安維持法が成立したのか、その後どのように運用されそして変化したかを、政友会、憲政会、内務省、司法省の相互関係を通して明らかにしようとしたものだった。個人的な思い入れはあるが、今読み返すと主張の変化や単純な誤りもあるため、本書をもって訂正に代えさせていただく。

筆者が治安維持法を取り上げようとしたきっかけの一つは、冒頭にも挙げた清水幾太郎の二つの論文「戦後の教育について」「戦後を疑う」である。

清水の発想の根底には、共産主義やソ連への恐怖があり、六〇年安保闘争で袂を分かった共産党に対する不満があった。清水は一九八〇年には核保有論を展開して、進歩派だけでなく保守派からも論難された。「清水氏の場合、『治安維持法廃止への復讐』が反米、反安保、天皇制護持、結社の自由の否定、核の保有を正當化する反憲法の「新しい大義名分」になつてゐるとしか思へない」といふ福田《ふくだ》恆存《つねあり》の指摘は、真理の一面を突いているだろう（福田恆存「近代日本知識人の典型清水幾太郎を論ず」）。

ただ、清水幾太郎は終戦から数年して、治安維持法について次のように論じてもいる。

「問題は、ただ共産主義者が逮捕され処罰されたところにあるのでなく、凡てのものが共産主義者の疑ひの下に逮捕され処罰されたところにある。さうではない。本当の問題は、日本人の日常の行動を決定するものが恐怖といふ原始的な感情になつてしまつたといふ点にあるのだ」（清水幾太郎『わが人生の断片』上）

清水の指摘は、治安維持法が拡大適用された一九三〇年代以降の皮膚感覚として無視できない。ソ連史家のE・H・カーは、『歴史とは何か』（岩波新書）で、「歴史とは歴史家と事実との間の相互作用の不断の過程であり、現在と過去との間に尽きることを知らぬ対話なのであります」と述べている。その上でカーは、「歴史家は裁判官ではない」、つまり歴史に対して道徳的判断を下すべきではないとも喝破している。そして同書を翻訳したのが他ならぬ清水だった。一時は唯物論研究会に身を寄せ、三木清とも交流のあった清水もまた、治安維持法を肌で感じた一人として、歴史を論じる葛藤を抱いていたのではないだろうか。

さて、本書を締め括るにあたって、謝辞に字数を割くことをご容赦いただきたい。

北岡伸一先生には、東京大学法学部のゼミ以来、厳しくかつ温かくご指導をいただいた。筆者は大学院では戦前日本の警察を研究対象としていたが、膨大な先行研究を前にしり込みする筆者の背中を押してくださったのも北岡先生だった。とりわけ、周辺的な争点ではなく中心的な役割をなした特高警察を重点的なテーマとするべきだ、とご助言をいただいたことは、本書の執筆につながっている。

酒井哲哉先生には、大学院博士課程で二年半の間ご指導をいただいた。先生のゼミで報告の機会を得たことは、本書の執筆にとって糧となった。

御厨貴先生、加藤陽子先生には、大学院の演習や研究会で学恩に接する機会をいただいた。五百旗頭薫先生は、筆者が現在籍を置いている東京大学社会科学研究所の受入研究者であり、公私ともにお世話になっている。筆者が大学に入って最初に演習に参加した黒住眞先生には研究者の真摯な姿勢を教えていただいた。そのほか、ご指導いただいた先生方、清水唯一朗氏、小宮京氏、米山忠寛氏など先輩諸氏にもこの場をお借りして感謝を申し上げたい。

社会科学研究所では、豊富な蔵書と快適な研究環境を提供していただいている。また国立公文書館、外務省外交史料館、国立国会図書館憲政資料室など各機関では、史料閲覧の便をはかっていただいた。新潟県立文書館には、史料の閲覧と引用について格段のご配慮をいただいた。感謝申し上げる。

二〇〇〇年代に入ってインターネットでの歴史資料閲覧の環境は飛躍的に進歩した。特に筆者が利用したのが、国立公文書館デジタルアーカイブ、アジア歴史資料センター、国会会議録検索システムである。これらを活用しなければ本書の完成はなかっただろう。もちろん、史料引用による責任は全て筆者に帰する。

なお、本書はサントリー文化財団「二〇〇九年若手研究者による個人研究助成」と、平成二二～二四年度日本学術振興会特別研究員奨励費による成果の一部である。

編集の田中正敏さんには、企画の段階からお世話になった。お待たせしてしまったことをお詫びするとともに、叱咤《しった》激励とお力添えに心より感謝申し上げる。

私事となるが、研究者の道を選んだ筆者を常に励まし支えてくれた家族に感謝したい。この本を書く間に祖父母は米寿を迎え、父母は還暦を過ぎた。長らく待たせたが、ようやく出来上がった本書を捧げたい。

二〇一二年四月

中澤俊輔

註記

はじめに

1　清水幾太郎『戦後を疑う』講談社、一九八〇年、六六頁

第1章

1　『憲政』第二巻第二号、三～四頁
2　『政友』第二二六号、五三頁。渡辺治「一九二〇年代における天皇制国家の治安法制再編成をめぐって—治安維持法成立史論—」『社会科学研究』二七（五・六）、一九七六年、一七〇～一七五頁
3　荻野富士夫「解説　治安維持法成立・「改正」史」荻野富士夫編『治安維持法関係資料集』第四巻、新日本出版社、一九九六年、五二一頁（以下、荻野「解説」）
4　大山梓編『山県有朋意見書』原書房、一九六六年、三二一頁
5　原奎一郎編『原敬日記』乾元社、一九五〇年、一九一〇年十一月十日条
6　『原敬日記』一九一一年十二月三十一日条
7　荻野富士夫編『特高警察関係資料集成』第一九巻、不二出版、一九九三年、「所謂米騒擾に関する件」
8　『原敬日記』一九一八年十一月三日条
9　三谷太一郎『新版　大正デモクラシー論』東京大学出版会、一九九五年、一〇三～一〇四頁
10　『原敬日記』一九二一年七月三十一日条
11　佐々木惣一「無政府主義の学術論文と朝憲紊乱事項」『法学論叢』第三巻第四号、一九二〇年四月
12　『原敬日記』一九二〇年一月十二、十三日条
13　「出版物法案と新聞紙法出版法との対照」国立公文書館所蔵
14　「過激派其他危険主義者取締関係雑件　社会運動状況　帝国」。「過激派其他危険主義者取締関係雑件　社会運動状況　英国」外務省外交史料館所蔵
15　荻野富士夫編『治安維持法関係資料集』第一巻、新日本出版社、一九九六年、「過激主義取締法（米、仏、独、白、蘭、伯、英、伊国）」六五～六七頁
16　『帝国議会貴族院委員会議事速記録』一八、臨川書店、一九八五年、二六頁、二九頁
17　奥平康弘『治安維持法小史』岩波現代文庫、二〇〇六年、四六頁
18　内田健三・金原左門・古屋哲夫編『日本議会史録』二、第一法規出版、一九九一年、三〇六頁
19　リチャード・H・ミッチェル著、奥平康弘・江橋崇訳『戦前日本の思想統制』日本評論社、一九八〇年
20　荻野富士夫『増補　特高警察体制史』せきた書房、一九八八年、一三一～一三四頁

21　「過激派其他危険主義者取締関係雑件　社会運動状況　帝国」所収「将来に於ける対過激派宣伝防止策に就て」
22　『治安維持法関係資料集』第一巻、「法律案草案」八〇～八一頁
23　尚友倶楽部・西尾林太郎編『水野錬太郎回想録・関係文書』山川出版社、一九九九年、一四四～一四五頁
24　「田健治郎関係文書」、「日記」一九二三年九月五日条、国立国会図書館憲政資料室所蔵。治安維持令の制定に関しては宮地忠彦『震災と治安秩序構想―大正デモクラシー期の「善導」主義をめぐって』クレイン、二〇一二年、一四一～一四五頁
25　三宅正太郎「治安維持法」末弘厳太郎編『現代法学全集』第三七巻、日本評論社、一九三一年、五一三～五一五頁
26　『治安維持法関係資料集』第一巻、「治安維持令違反起訴事実」一三六頁
27　参議院事務局編『貴族院秘密会議事速記録集』財団法人参友会、一九九五年、二五一～二五二頁
28　平沼騏一郎回顧録編纂委員会編『平沼騏一郎回顧録』一九五五年、七九頁

第2章

1　井上清・鈴木正四『日本近代史　下』合同出版社、一九五六年、一二九頁
2　小林幸男『日ソ政治外交史―ロシア革命と治安維持法―』有斐閣、一九八五年
3　国内的要因を重視した研究として、松尾尊兊『普通選挙制度成立史の研究』岩波書店、一九八九年、奥平康弘『治安維持法小史』、国外的要因を重視した研究に、小林幸男前掲書、崔鐘吉「内務官僚と治安維持法の成立」『年報日本史叢』二〇〇二年
4　『治安維持法関係資料集』第一巻、「左傾思想に基く秩序壊乱に対する処置」一七三頁
5　荻野富士夫『昭和天皇と治安体制』新日本出版社、一九九三年、二四～二五頁
6　「大久保内務事務官松井陸軍少将情報」外務省外交史料館所蔵
7　大久保留次郎「思想警察の内幕」『特集文藝春秋』一九五六年二月号
8　「大久保内務事務官松井陸軍少将情報」一九二四年六月二十二日付哈秘第四四号
9　廣畑研二編『戦前期警察関係資料集』第二巻、不二出版、二〇〇六年、「一九二〇年より‐昨年迄の露西亜に於ける日本共産党員の状態。概略」三一〇頁
10　「最近に於ける本邦社会主義運動概況」国立公文書館所蔵
11　加藤高明伯伝編纂委員会編『加藤高明　下』原書

房、一九七〇年、六六二～六六三頁
12 加藤高明「当面の時局」『憲政』第六巻第六号
13 「日露国交回復交渉一件」「北京会議松本記録第二巻」外務省外交史料館所蔵
14 小林前掲書、三四五～三四六頁
15 同右、三四七頁
16 『治安維持法関係資料集』第一巻、「〔枢密院審査委員会での質疑応答〕」一八五頁
17 奥平康弘『治安維持法小史』五四頁
18 広瀬順晧監修・編集『近代未刊史料叢書 政治談話速記録 八』ゆまに書房、一九九九年、二二七～二二八頁。「大霞会所蔵内政関係者談話録音速記録」、「対談「内務省論」速記録第二回」三九六～四〇〇頁、国立国会図書館憲政資料室寄託。ただし、「アメとムチ」説を支持する内務官僚の意見もある（大霞会編『内務省史』第四巻、地方財務協会、一九七一年、二二一〇頁）
19 大日本帝国議会誌刊行会編刊『大日本帝国議会誌』第一五巻、一九三〇年、一二六七頁
20 荻野「解説」五四四頁
21 『治安維持法関係資料集』第一巻、「治安維持法理由書」一六九頁
22 『治安維持法関係資料集』第一巻、「法制局対案」一六一頁
23 『治安維持法関係資料集』第一巻、「治安維持法案、過激法案、同上貴族院修正案対照調」一七四頁
24 「山岡万之助関係文書」、「治安維持法立法資料第一輯立法例」学習院大学法経図書館所蔵
25 『東京朝日新聞』一九四二年十一月十日付朝刊
26 木坂順一郎「治安維持法反対運動」（上）（下）『日本史研究』一一七・一一九、一九七一年、小栗勝也「治安維持法反対論の諸相」『法学研究』六八（一）、一九九五年
27 『東京朝日新聞』一九二五年一月十七日付朝刊
28 『東洋経済新報』一九二五年二月二十一日付
29 森戸辰男「治安維持法と社会民主主義」『我等』一九二五年三月号
30 若槻礼次郎『古風庵回顧録』読売新聞社、一九五〇年、二九七頁
31 河野有理『明六雑誌の政治思想 阪谷素と「道理」の挑戦』東京大学出版会、二〇一一年、一二～一七頁
32 『帝国議会衆議院委員会議録』四四、臨川書店、一九八七年、一〇七～一〇八頁
33 廣畑研二編『一九二〇年代社会運動関係警察資料』不二出版、二〇〇三年、「各国に於ける社会主義的思想の要綱」
34 『帝国議会衆議院委員会議録』四四、四一頁
35 同右、七九頁
36 若槻礼次郎『古風庵回顧録』二九八頁

37 『東京朝日新聞』一九四二年十一月十日付朝刊
38 『帝国議会貴族院議事速記録』二五、三三七頁
39 小川平吉文書研究会、岡義武編『小川平吉関係文書 二』みすず書房、一九七三年、六〇一頁

第3章

1 司法大臣官房秘書課編『司法次官並民事、刑事、行刑各局長注意指示事項集』一九三三年、三一四頁。『治安維持法関係資料集』第一巻、「治安維持法施行に関する件」二五四頁
2 『特高警察関係資料集成』第二二巻、「例規（通牒）」一二六〜一二七頁
3 川崎卓吉伝記編纂会編『川崎卓吉』一九六一年、三〇三〜三〇四頁
4 「全露職業同盟本部代表者渡来の件」外務省外交史料館所蔵
5 同右
6 同右、「在本邦「ソヴェート」聯邦大使館員及人民に対する取締方に関する件」
7 伊藤孝夫『大正デモクラシー期の法と社会』京都大学学術出版会、二〇〇〇年、第四章・補章
8 吉野作造「高等学校思想団解散問題」『公人の常識』文化生活研究会、一九二五年
9 『治安維持法関係資料集』第一巻、「治安維持法関連の司法省通牒」二五六頁
10 同右
11 同右、二五七頁
12 『戦前期警察関係資料集』第四巻、「京大及同大社会科学研究会及出版法並治安維持法違反事件概況」（以下「概況」）五七〜五八頁
13 奥平康弘『治安維持法小史』七九頁
14 伊藤前掲書、三四七〜三四八頁
15 同右、三五八頁、注（二一）。なお検事局はこの時、「治安維持法違反行為あるべし」との疑念を抱いたという
16 「概況」六三頁
17 「種村氏警察参考資料第一集」、「英吉利共産党幹部検挙事件概要」国立公文書館所蔵
18 吉野作造「学生大検挙に絡まる諸問題」『中央公論』一九二六年十月号
19 伊藤前掲書、四〇七頁、四一〇〜四一一頁
20 『特高警察関係資料集成』第七巻、「無産政党結社禁止の件」六七〜六九頁
21 同右
22 『一九二〇年代社会運動関係警察資料』「農民労働党創立運動の顛末」
23 治安警察法第一七条の廃止については伊藤前掲書第二章を参照
24 崔鐘吉「山岡萬之助と治安維持法の改正」『日本文化研究』第一六号、二〇〇五年。奥平康弘前掲書、

九九〜一〇〇頁
25 「禁止新聞要項」国立公文書館所蔵
26 内政史研究会編『土屋正三氏談話速記録』第一回、一九六七年、四七頁
27 同右、四九頁
28 同右、五四頁
29 紅野謙介『検閲と文学』河出ブックス、二〇〇九年、一八三〜一八六頁
30 『土屋正三氏談話速記録』第一回、五八頁
31 警保委員会については、内川芳美『マス・メディア法政策史研究』有斐閣、一九八九年を参照
32 「山岡万之助関係文書」、「改正要目第一　出版物法制統一の是非並に之か立法の根本方針他」学習院大学法経図書館所蔵
33 「山岡万之助関係文書」「警保委員会特別委員会議事録　第一―八回」
34 同右
35 同右
36 立花隆『日本共産党の研究』(一)、講談社文庫、一九八三年、一五四〜一五六頁
37 『特高警察関係資料集成』第二巻、「秘密結社日本共産党捜査顛末書」
38 粟屋憲太郎『昭和の政党』小学館、一九八三年、一四六〜一四七頁
39 「大霞会所蔵内政関係者談話録音速記録」、「警保局関係者座談会」三九〜四〇頁
40 同右、三五〜三六頁
41 稲村は一九二三年に第一次日本共産党に加入したが、公式には第二次共産党には加入しなかったとされる。ただし、稲村本人は佐野学に勧誘されて第二次共産党に復党したと語っている(内政史研究会編『稲村隆一氏談話速記録』一九六九年、九二頁)
42 「警保局関係者座談会」一二三〜一四二頁
43 小林多喜二『蟹工船／一九二八・三・一五』岩波文庫、二〇〇三年、二二八頁
44 朝日新聞社編『国際労働会議と日本』朝日新聞社、一九二四年所収「序文に代えて」(吉野作造『公人の常識』)

第4章

1 奥平康弘『治安維持法小史』一〇〇頁
2 『東京朝日新聞』一九二八年四月十二日付朝刊
3 『東京朝日新聞』一九二八年四月十一日付夕刊
4 林茂・岡義武校訂『大正デモクラシー期の政治―松本剛吉政治日誌』岩波書店、一九七七年、五六八頁
5 吉見義明「田中(義)内閣下の治安維持法改正問題」『歴史学研究』第四四一号、一九七七年、一頁
6 『小川平吉関係文書　二』「緊急勅令発布顛末幷に関係記事」

7 「池田寅二郎関係文書」、「治安維持法改正法律案」東京大学法学部附属近代日本法政史料センター原資料部所蔵
8 「警保局関係者座談会」一八一〜一八二頁。警保局保安課事務官の三橋孝一郎の発言
9 『治安維持法関係資料集』第一巻、「治安維持法中改正法律案理由」二七〇頁
10 『治安維持法関係資料集』第一巻、「改正治安維持法」三五八〜三五九頁
11 「治安維持法中改正法律案理由」二七一頁
12 奥平康弘編『治安維持法』みすず書房、一九七三年、一一三頁
13 「倉富勇三郎関係文書」、「日記」一九二八年五月七日条、国立国会図書館憲政資料室所蔵、以下『倉富日記』
14 松井慎一郎「枢密院と思想問題—平沼騏一郎を中心に—」由井正臣編『枢密院の研究』吉川弘文館、二〇〇三年所収
15 『倉富日記』一九二八年五月十一日条
16 同右、一九二八年五月十七日条
17 吉見前掲論文、二頁
18 『治安維持法関係資料集』第一巻、「治安維持法「改正」枢密院委員会審議」三一〇頁。以下、枢密院審査委員会の内容は断らない限り同書による
19 『枢密院会議議事録』第四五巻、東京大学出版会、一九九二年、九二〜九五頁。以下、枢密院本会議の審議は断らない限り同書による
20 『倉富日記』一九二八年六月二十七日条
21 小田中聰樹『治安政策と法の展開過程』法律文化社、一九八二年、九七〜九九頁
22 伊藤隆・広瀬順晧編『牧野伸顕日記』中央公論社、一九九一年、一九二八年六月十五日条
23 『倉富日記』一九二八年六月二十五日条、六月二十七日条
24 『牧野伸顕日記』一九二八年六月二十九日条
25 奥平康弘編『治安維持法』一八二〜一八六頁
26 同右、一九三〜一九六頁
27 斎藤隆夫「緊急勅令案審議に際し枢府に現はれたる議論に就て」『民政』第二巻第八号、三九〜四〇頁
28 池井優・波多野勝・黒沢文貴編『浜口雄幸日記・随感録』みすず書房、一九九一年、一九二八年八月三日条、八月四日条
29 荻野富士夫『特高警察体制史』一七三頁、一八五頁
30 荻野富士夫『思想検事』岩波新書、二〇〇〇年、三四・三五頁
31 「公文別録」「内務省・大正十四年〜昭和三年・第一巻・大正十四年〜昭和三年」、「治安警察法第八条第二項に依り無産政党結社禁止に関する件」国立公

文書館所蔵
32 『帝国議会衆議院委員会議録』昭和篇一二、六八頁
33 『東京朝日新聞』一九二九年三月三日付朝刊
34 山本宣治著、佐々木敏二・小田切明徳編『山本宣治全集　五』汐文社、一九七九年、五六四～五七八頁
35 『社会運動の状況（昭和五年上）』国立公文書館所蔵
36 松岡英夫『人権擁護六十年―弁護士海野普吉』中公新書、一九七五年、六〇～六一頁
37 司法大臣官房秘書課編『大審院長検事総長訓示演述集』一九三三年、三二〇～三二一頁
38 『社会運動の状況（昭和五年上）』
39 奥平康弘『治安維持法小史』一三六～一三七頁
40 『牧野伸顕日記』一九三一年二月十七日条
41 山辺健太郎編・解説『社会主義運動　三』みすず書房、一九六五年、一九～二〇頁
42 「警保局関係者座談会」一六四～一七一頁
43 小幡尚「陪審法の意義と限界―政治犯との関係を中心に―」『北大史学』第三七号、一九九七年
44 「昭和前期司法関係文書」E〇〇〇五―八、「三・一五ノ内K・P事件　西山事件」、新潟県立文書館所蔵。一九三〇年九月十三日付布施辰治・大森〔詮《あき》夫《お》〕宛西山武一書簡
45 荻野「解説」六〇一～六〇二頁
46 社会問題資料研究会編『思想事務に関する訓令通牒集』東洋文化社、一九七六年、六二～六五頁
47 「昭和前期司法関係文書」、E〇〇〇五―七、「三・一五、四・一六、其他事件判決集」
48 『治安維持法関係資料集』第一巻、「治安維持法に関する大審院判例」四六四頁
49 同右、四六五～四六六頁

第5章

1 『社会運動の状況（昭和四年上）』『社会運動の状況（昭和五年上）』国立公文書館所蔵
2 立花隆『日本共産党の研究』（二）、講談社文庫、一九八四年、二八七頁
3 荻野富士夫『多喜二の時代から見えてくるもの―治安体制に抗して』新日本出版社、二〇〇九年、九六頁
4 木村亨著、松坂まき編『横浜事件木村亨全発言』インパクト出版会、二〇〇二年、一一頁
5 思想の科学研究会編『共同研究：転向』改訂増補上巻、平凡社、一九七八年、六頁
6 清水幾太郎『戦後を疑う』五四～五六頁
7 奥平康弘「治安維持法を論ずる―清水幾太郎「戦後を疑う」を疑う―」『世界』一九七八年十一月号、一一七頁

8　伊藤晃『転向と天皇制』勁草書房、一九九五年、第二章
9　中里建夫「我国に於ける現時の社会思想と思想犯人に対する行刑」『司法研究』第一二輯二、一九三〇年三月、三九～四〇頁
10　宮下弘『特高の回想』田畑書店、一九七八年、九五～九六頁
11　「昭和前期司法関係文書」E〇一〇五―二九、「〔郵送書状〕」一九三三年十二月四日付
12　『東京朝日新聞』一九三三年九月五日付夕刊
13　「治安維持法違反受刑者成績調送付の件」東京大学社会科学研究所所蔵
14　伊藤晃『転向と天皇制』一七六頁
15　荻野富士夫編『治安維持法関係資料集』第二巻、「思想対策協議委員」一四頁
16　同右、「治安維持法〔改正法律案〕」三一頁
17　『治安維持法関係資料集』第二巻、「治維法修正案に対する意見」三八～三九頁
18　伊藤隆監修『現代史を語る④松本学』現代史料出版、二〇〇六年、二七三頁
19　『治安維持法関係資料集』第二巻、「治安維持法中に「政体変革」に関する規定を設くべしとする案に対する反対理由」四一頁
20　奥平康弘『治安維持法小史』六〇頁
21　林癸未夫『国家社会主義原理』章華社、一九三二年、二〇二頁
22　『戦前期警察関係資料集』第四巻、「昭和一〇年一月知事事務演説書」
23　我妻栄編集代表『日本政治裁判史録』昭和後編、第一法規出版、一九七〇年、一一七～一一八頁
24　『治安維持法関係資料集』第三巻、「思想犯保護観察制度に関する諸統計」五〇六頁
25　森山武市郎『思想犯保護観察法解説』松華堂書店、一九三七年、六二～六五頁
26　伊藤隆監修『現代史を語る④松本学』三〇六頁
27　『季刊現代史』七、一九七六年、二一一頁
28　内政史研究会編『清水重夫氏談話第二回速記録』一九六九年、一二二～一二三頁
29　奥平康弘編集・解題『昭和思想統制史資料』第一巻、生活社、一九八〇年、一八九頁
30　山辺健太郎「治安維持法の体験と考察」『季刊現代史』七、一〇九頁

第6章

1　太田耐造「改正治安維持法を繞（めぐ）る若干の問題」『法律時報』一九四一年五月号、一五頁
2　社会問題資料研究会編『昭和十三年控訴院管内思想実務家会同議事録』東洋文化社、一九七七年、七七頁、一五一頁

3 『治安維持法関係資料集』第四巻、「改正治安維持法解説書（案）」一三八頁
4 内政史研究会編『村田五郎氏談話速記録二』一九七七年、一〇六頁
5 『治安維持法関係資料集』第四巻、「第十七回思想実務家会同議事録」三二頁
6 マイルズ・フレッチャー著、竹内洋・井上義和訳『知識人とファシズム』柏書房、二〇一一年
7 『続・内務省外史』地方財務協会、一九八七年、一六七〜一六八頁
8 内政史研究会編『永野岩松氏談話速記録』一九七〇年、七〇〜七一頁
9 宮下弘『特高の回想』一五八〜一五九頁
10 今井清一・伊藤隆編『国家総動員 二』みすず書房、一九七四年、四五二頁
11 『村田五郎氏談話速記録二』二〇〇〜二〇一頁
12 『治安維持法関係資料集』第四巻、「新治安維持法関連の司法省通牒」二九一頁
13 荻野「解説」七一三〜七一四頁
14 荻野「解説」七一六頁
15 渡部富哉『偽りの烙印』五月書店、一九九三年
16 大橋秀雄『真相ゾルゲ事件』一九七七年、六三頁
17 『特高月報』一九四一年七月号
18 『治安維持法関係資料集』第四巻、「第十七回思想実務家会同議事録」五六〜五七頁
19 『永野岩松氏談話速記録』七四〜七五頁
20 法務府法政意見第四局統計課編『第七十刑事統計年報』一九五二年、一九二〜一九五頁
21 伊藤隆・廣橋眞光・片島紀男編『東條内閣総理大臣機密記録』東京大学出版会、一九九〇年、四五九頁
22 清沢洌著、山本義彦編『暗黒日記』岩波文庫、一九九〇年、一九四四年七月十日条
23 北河賢三、望月雅士、鬼嶋淳編『風見章日記・関係資料一九三六―一九四七』みすず書房、二〇〇八年、二九五頁
24 伊藤隆『昭和期の政治』山川出版社、一九八三年、二〇〇頁
25 木戸日記研究会編『木戸幸一関係文書』東京大学出版会、一九六六年、四九七頁
26 松浦正孝「宗像久敬ともう一つの終戦工作 上下」『UP』二六（一）（二）、一九九七年一・二月
27 『暗黒日記』一九四四年十月三日条
28 『特高警察関係資料集成』第三〇巻、「昭和二十年七月二十日・思想旬報（第三十一号）」四五四頁
29 鈴木多聞『「終戦」の政治史』東京大学出版会、二〇一一年、一八四頁
30 『暗黒日記』一九四四年七月四日条
31 水野直樹『植民地期朝鮮・台湾における治安維持法に関する研究』平成八―一〇年度科学研究費補助

金（基盤研究（C））（二）成果報告書、一九九九年（以下、水野報告書）、六〜七頁

32 「密大日記　大正九年」、「危険思想予防に関する軍司令官の訓示送付の件」防衛省防衛研究所図書館所蔵

33 『治安維持法関係資料集』第一巻、「治安維持法審議資料」一七二頁

34 水野報告書、水野直樹「植民地独立運動に対する治安維持法の適用」浅野豊美・松田利彦編『植民地帝国日本の法的構造』信山社、二〇〇四年（以下、水野論文）を参照。

35 水野論文、四二三頁

36 水野論文、四三一〜四三六頁

37 水野論文、四五〇〜四五一頁

38 荻野「解説」、六〇六〜六一〇頁

39 水野報告書、三八〜三九頁

40 『治安維持法関係資料集』第二巻、「台湾に於ける思想運動調査資料」三一八頁

41 向山寛夫『日本統治下における台湾民族運動史』中央経済研究所、一九八七年、八二三〜八二四頁

42 「公文類聚・第六十五編・昭和十六年巻一」、「大正十一年勅令第四百七号台湾に施行する法律の特例に関する件中を改正す」国立公文書館所蔵

43 「昭和一六年　陸満密大日記」「四月に於ける共産匪軍態勢要図の件」防衛省防衛研究所図書館所蔵

44 荻野富士夫「総力戦下の治安体制」倉沢愛子・杉原達・成田龍一・テッサ・モーリス－スズキ・油井大三郎・吉田裕編集委員『岩波講座アジア・太平洋戦争二　戦争の政治学』岩波書店、二〇〇五年、一五一頁

45 「支那事変一件　第十九巻」「北支滅共委員会規定」外務省外交史料館所蔵

46 「満州国政況関係雑纂／治安情況関係　一〇」「最近満洲国之治安概況」第四号、一九四三年十二月、外務省外交史料館所蔵

47 同右、「最近満洲国之治安概況」第三号、一九四三年十一月

終章

1 渡邉昭夫編『戦後日本の宰相たち』中公文庫、二〇〇一年、一二頁

2 「米国から返還された公文書」、「閣議事項綴」国立公文書館所蔵

3 伊藤隆・季武嘉也編『鳩山一郎・薫日記』上巻、中央公論新社、一九九九年、一九四五年八月三十一日条

4 粟屋憲太郎編集・解説『資料日本現代史』第三巻、大月書店、一九八一年「左翼分子の特異動向に関する件」一八九頁

5 宮下弘『特高の回想』二五八頁

6 大霞会編『続内務省外史』三三三頁
7 『資料日本現代史』第二巻、大月書店、一九八〇年、「終戦善後措置」二二二頁
8 「米国から返還された公文書」、「昭和二十年・内鮮関係書類綴（一）・主務省報告」
9 「米国から返還された公文書」、「治安維持法違反受刑者に関する綴」
10 大佛次郎『終戦日記』文春文庫、二〇〇七年、一九四五年九月十九日条、二十七日条
11 下斗米伸夫『日本冷戦史』岩波書店、二〇一一年、五五頁
12 浅見雅男『不思議な宮さま』文藝春秋、二〇一一年、四四六～四四七頁
13 『朝日新聞』一九四五年十月五日付朝刊
14 同右
15 『続内務省外史』三三四頁
16 『朝日新聞』一九四五年十月六日付朝刊
17 『朝日新聞』一九五七年八月二十一日付朝刊
18 高木惣吉著、伊藤隆編『高木惣吉　日記と情報』下、みすず書房、二〇〇〇年、一九四五年十月十二日条
19 増田弘『マッカーサー』中公新書、二〇〇九年、三三五頁
20 小山弘健著、津田道夫編・解説『戦後日本共産党史　党内闘争の歴史』こぶし文庫、二〇〇八年、二二～二四頁
21 荻野「解説」七四〇頁
22 『朝日新聞』一九四五年十一月十五日付朝刊
23 GHQ/SCAP Records, International Prosecution Section, IPS-07 R17. 481–482　国立国会図書館憲政資料室所蔵。原文の英文を日本語に訳した
24 安倍源基『昭和動乱の真相』中公文庫、二〇〇六年、五一七～五一九頁
25 「A級極東国際軍事裁判記録（和文）（№.六五）」「冒頭陳述（総論A）清瀬一郎弁護人」国立公文書館所蔵
26 木村亨『横浜事件木村亨全発言』一六頁
27 中村智子『増補版　横浜事件の人びと』田畑書店、一九八〇年、二〇四～二〇五頁
28 荻野富士夫『横浜事件と治安維持法』樹花舎、二〇〇六年、一二九頁
29 横浜事件・再審裁判記録資料刊行会編『全記録横浜事件・再審裁判』高文研、二〇一一年を参照
30 佐藤博史「画期的な、横浜事件・刑事補償決定」『世界』二〇一〇年四月号、三〇頁
31 吉橋敏雄「団体等規正令について」『法律時報』二二巻、一九五〇年、五二～五三頁
32 「法務省関係審議録（二〇）」、「団体等規正令案」一九五〇年十月、国立公文書館所蔵
33 平田哲男『レッド・パージの史的究明』新日本出

版社、二〇〇二年、三四～三五頁

34 関之『破壊活動防止法解説』新警察社、一九五二年。ただし版によっては一九五一年三月頃とある

35 法務府特別審査局編『特審月報』第一巻、一九五〇年十一月号、不二出版、二〇〇八年、五〇頁

36 荻野富士夫『戦後治安体制の確立』岩波書店、一九九九年、一八七頁

37 「佐藤達夫関係文書」、「団体等規正法案・特別保安法案」国立公文書館所蔵

38 同右、「団体等規正法案」

39 荻野富士夫『戦後治安体制の確立』二二五～二二六頁

40 奥平康弘『これが破防法』共栄書房、一九九六年、二二五～三〇頁

41 関之『破壊活動防止法解説』五七頁

42 法制意見長官の佐藤達夫が保管する破防法案の草案には、解散の決定の箇所に、「総理大臣の異議公共の福祉を保持するため必要已むを得ない限度においてのみ行う」とのメモが挟み込まれている（「佐藤達夫関係文書」、「〔破防一〕破壊活動防止法案（逐条解説・応答資料を含む）」）

43 清水幾太郎『戦後を疑う』二四～二八頁

44 奥平康弘「治安維持法を論ずる」一〇八～一〇九頁

参考文献

未刊行資料

国立公文書館所蔵「公文雑纂」「公文別録」「公文類聚」「佐藤達夫関係文書」「戦争犯罪裁判関係資料」「種村氏警察参考資料」「内務省警保局文書」「米国から返還された公文書」「法務省関係審議録」
外務省外交史料館所蔵「外務省記録」
防衛省防衛研究所図書館所蔵「陸軍省大日記」
国立公文書館デジタルアーカイブ：http://www.digital.archives.go.jp/index.html
アジア歴史資料センター：http://www.jacar.go.jp/
国会議事録検索システム：http://kokkai.ndl.go.jp/
国立国会図書館憲政資料室所蔵「倉富勇三郎関係文書」「田健治郎関係文書」「日本占領関係資料GHQ/SCAP Records」「大霞会所蔵内政関係者談話録音速記録」（寄託）
新潟県立文書館所蔵「昭和前期司法関係文書」
山口県文書館所蔵「田中家文書」
東京大学法学部附属近代日本法政史料センター原資料部所蔵「池田寅二郎関係文書」
東京大学社会科学研究所所蔵「治安維持法違反受刑者成績調送付の件」
学習院大学法経図書館所蔵「山岡万之助関係文書」

刊行資料

明石博隆・松浦総三編『昭和特高弾圧史』太平出版社、一九七五～七六年
粟屋憲太郎編集・解説『資料日本現代史二・三　敗戦直後の政治と社会一・二』大月書店、一九八〇～八一年
池田順編集・解説『昭和戦前期内務行政史料』ゆまに書房、二〇〇〇年
荻野富士夫編『特高警察関係資料集成』不二出版、一九九一～九三年
同『治安維持法関係資料集』新日本出版社、一九九六年
奥平康弘編集・解題『昭和思想統制史資料』生活社、一九八〇～八一年
現代史資料一～三、二四　小尾俊人解説、石堂清倫編『ゾルゲ事件　一～四』みすず書房、一九六二～七一年
同四・五、二三　今井清一・高橋正衛編『国家主義運動一～三』みすず書房、一九六三～七四年
同一四～二〇　山辺健太郎編・解説『社会主義運動一～七』みすず書房、一九六四～六八年
同四四　今井清一・伊藤隆編『国家総動員　二』みすず書房、一九七四年
同四五　奥平康弘編『治安維持法』みすず書房、一九

七三年
続・現代史資料一・二　松尾尊兊編・解説『社会主義沿革　一・二』みすず書房、一九八四、八六年
同七　加藤敬事編・解説『特高と思想検事』みすず書房、一九八二年
小森恵編『昭和思想統制史資料　別巻上下』生活社、一九八一年
参議院事務局編『貴族院秘密会議事速記録集』財団法人参友会、一九九五年
司法大臣官房秘書課編『司法大臣訓示演説集』一九三二年
同『大審院長検事総長訓示演述集』一九三三年
同『司法次官並民事、刑事、行刑各局長注意指示事項集』一九三三年
社会問題資料研究会編『社会問題資料叢書第一輯　思想研究資料特輯号』東洋文化社、一九七一〜八〇年
同『帝国議会誌』東洋文化社、一九七五〜七六年
白井久也編著『【米国公文書】ゾルゲ事件資料集』社会評論社、二〇〇七年
『枢密院会議議事録』東京大学出版会、一九八四〜九四年
大日本帝国議会誌刊行会編刊『大日本帝国議会誌』一九二六〜三〇年
『帝国議会貴族院委員会議事速記録』臨川書店、一九八一〜八八年
『帝国議会貴族院委員会速記録　昭和篇』東京大学出版会、一九九〇〜九五年
『帝国議会衆議院委員会議録』臨川書店、一九八一〜八八年
『帝国議会衆議院議員会議録　昭和篇』東京大学出版会、一九九〇〜九五年
同志社大学人文科学研究所キリスト教社会問題研究会編『戦時下のキリスト教運動　特高資料による昭和十一年―昭和十九年　三』新教出版、一九七三年
内務省編『地方長官会議及警察部長会議に於ける内務大臣訓示演説集』一九二九年
内務省警保局編『警察部長事務打合会議訓示演述要旨及指示事項其他』一九二三年
同『出版警察関係資料集成』不二出版、一九八六年
内務省警保局保安課編『特高月報』政経出版社、一九七三年
同『特高外事月報』政経出版社、一九七三年
二・四事件記録刊行委員会編『長野県教育の抵抗の歴史』一九六一年
秦郁彦著、戦前期官僚制研究会編『戦前期日本官僚制の制度・組織・人事』東京大学出版会、一九八一年
秦郁彦編『日本官僚制総合事典　一八六八―二〇〇〇』東京大学出版会、二〇〇一年
同『日本陸海軍総合事典』東京大学出版会、二〇〇五年

広瀬順晧監修・編集『近代未刊史料叢書　政治談話速記録　八』ゆまに書房、一九九九年
廣畑研二編『一九二〇年代社会運動関係警察資料』不二出版、二〇〇三年
同『戦前期警察関係資料集』不二出版、二〇〇六年
法務府特別審査局編『特審月報』不二出版、二〇〇八年
法務府法制意見第四局統計課編『第七十刑事統計年報』一九五二年
村田陽一編訳『コミンテルン資料集　一～七』大月書店、一九七八～八五年
同『資料集・コミンテルンと日本　一～三』大月書店、一九八六～八八年
同『資料集・初期日本共産党とコミンテルン』大月書店、一九九三年
横浜事件・再審裁判＝記録／資料刊行会編『全記録：横浜事件・再審裁判（第一次～四次再審請求・再審公判・刑事補償請求）』高文研、二〇一一年
同『ドキュメント横浜事件』高文研、二〇一一年

日記・回顧録・自伝

安倍源基『昭和動乱の真相』中公文庫、二〇〇六年
池井優・波多野勝・黒田文貴編『浜口雄幸日記・随想録』みすず書房、一九九一年
伊藤隆・廣橋眞光・片島紀男編『東條内閣総理大臣機密記録―東條英機大将言行録』東京大学出版会、一九九〇年
伊藤隆・広瀬順晧編『牧野伸顕日記』中央公論社、一九九一年
伊藤隆監修『現代史を語る②三好重夫』現代史料出版、二〇〇一年
同『現代史を語る④松本学』現代史料出版、二〇〇六年
同『現代史を語る⑦堀切善次郎・田中広太郎』現代史料出版、二〇一二年
『永日抄』刊行会編『永日抄―西山武一自伝』楽游書房、一九八七年
江口渙『たたかいの作家同盟記』下、新日本出版社、一九六八年
大橋秀雄『ある警察官の記録』みすず書房、一九六七年
大橋秀雄『真相ゾルゲ事件』一九七七年
大山梓編『山県有朋意見書』原書房、一九六六年
岡義武・林茂校訂『大正デモクラシー期の政治―松本剛吉政治日誌―』岩波書店、一九七七年
小川平吉文書研究会、岡義武編『小川平吉関係文書一・二』みすず書房、一九七三年
大佛次郎『終戦日記』文春文庫、二〇〇七年
加藤高明伯伝編纂委員会編『加藤高明　下』原書房、一九七〇年

河上肇著、杉原四郎・一海知義編『自叙伝　一～五』岩波文庫、一九九六～九七年
川崎卓吉伝記編纂会編『川崎卓吉』一九六一年
北河賢三、望月雅士、鬼嶋淳編『風見章日記・関係資料　一九三六―一九四七』みすず書房、二〇〇八年
木戸日記研究会編『木戸幸一関係文書』東京大学出版会、一九六六年
木村亨著、松坂まき編『横浜事件木村亨全発言』インパクト出版会、二〇〇二年
清沢洌著、山本義彦編『暗黒日記　一九四二―一九四五』岩波文庫、一九九〇年
清瀬一郎『秘録東京裁判』中公文庫、二〇〇二年
小林多喜二『蟹工船／一九二八・三・一五』岩波文庫、二〇〇三年
小林杜人著、遊上孝一編『「転向期」のひとびと―治安維持法下の活動家群像』新時代社、一九八七年
清水幾太郎『わが人生の断片』上下、文春文庫、一九八五年
尚友倶楽部・西尾林太郎編『水野錬太郎回想録・関係文書』山川出版社、一九九九年
鈴木喜三郎先生伝記編纂会『鈴木喜三郎』一九四五年
高木惣吉著、伊藤隆編『高木惣吉　日記と情報　下』みすず書房、二〇〇〇年
内政史研究会編『安倍源基氏談話速記録』一九六七年
同『稲村隆一氏談話速記録』一九七五年
同『大橋武夫氏談話速記録』一九七二年
同『加藤祐三郎氏談話速記録』一九六九年
同『萱場軍蔵氏談話速記録』一九六七年
同『清水重夫氏談話速記録』一九六九年
同『土屋正三氏談話速記録』一九六七年
同『永野岩松氏談話速記録』一九七〇年
同『星島二郎氏談話速記録』一九六三年
同『村田五郎氏談話速記録』一九七三～八三年
野上照代『母べえ』中公文庫、二〇一〇年
鳩山一郎著、伊藤隆・季武嘉也編『鳩山一郎・薫日記　上』中央公論新社、一九九九年
原奎一郎編『原敬日記』乾元社、一九五〇～五一年
原田熊雄述『西園寺公と政局』岩波書店、一九五〇～五六年
平沼騏一郎回顧録編纂委員会編『平沼騏一郎回顧録』一九五五年
宮下弘、伊藤隆、中村智子編著『特高の回想　ある時代の証言』田畑書店、一九七八年
山本宣治著、佐々木敏二・小田切明徳編『山本宣治全集　五』汐文社、一九七九年
吉田茂『回想十年　一～四』新潮社、一九五七～五八年
若槻礼次郎『古風庵回顧録』読売新聞社、一九五〇年

研究書等

青柳盛雄『治安維持法下の弁護士活動』新日本出版社、一九八七年
赤木須留喜『近衛新体制と大政翼賛会』岩波書店、一九八四年
浅野豊美・松田利彦編『植民地帝国日本の法的構造』信山社、二〇〇四年
浅見雅男『不思議な宮さま』文藝春秋、二〇一一年
粟屋憲太郎『昭和の政党』小学館、一九八三年
同『東京裁判への道』下、講談社選書メチエ、二〇〇六年
伊藤晃『転向と天皇制』勁草書房、一九九五年
伊藤孝夫『大正デモクラシー期の法と社会』京都大学学術出版会、二〇〇〇年
同『瀧川幸辰』ミネルヴァ書房、二〇〇三年
伊藤隆『昭和十年代史断章』東京大学出版会、一九八一年
同『近衛新体制』中公新書、一九八三年
同『昭和期の政治』山川出版社、一九八三年
同『日本の近代一六　日本の内と外』中央公論新社、二〇〇一年
伊藤之雄『大正デモクラシーと政党政治』山川出版社、一九八七年
同『日本の歴史二二　政党政治と天皇』講談社学術文庫、二〇一〇年
稲垣真実『兵役を拒否した日本人　灯台社の戦時下抵抗』岩波新書、一九七二年
井上清・鈴木正四『日本近代史　下』合同出版社、一九五六年
井上寿一『戦前昭和の社会　一九二六―一九四五』講談社現代新書、二〇一一年
同『戦前昭和の国家構想』講談社選書メチエ、二〇一二年
上田誠吉『昭和裁判史論　治安維持法と法律家たち』大月書店、一九八三年
同『司法官の戦争責任　満洲体験と戦後司法』花伝社、一九九七年
内川芳美『マス・メディア法政策史研究』有斐閣、一九八九年
内田健三・金原左門・古屋哲夫編『日本議会史録』第一法規出版、一九九〇～九一年
大石進『弁護士布施辰治』西田書店、二〇一〇年
大川隆司・佐藤博史・橋本進著『横浜事件・再審裁判とは何だったのか』高文研、二〇一一年
荻野富士夫『増補　特高警察体制史』せきた書房、一九八八年
同『昭和天皇と治安体制』新日本出版社、一九九三年
同『戦後治安体制の確立』岩波書店、一九九九年
同『思想検事』岩波新書、二〇〇〇年
同『外務省警察史』校倉書房、二〇〇五年
同『横浜事件と治安維持法』樹花舎、二〇〇六年

同『戦前文部省の治安機能』校倉書房、二〇〇七年
同『多喜二の時代から見えてくるもの―治安体制に抗して』新日本出版社、二〇〇九年
同『特高警察』岩波新書、二〇一二年
奥平康弘『これが破防法』共栄書房、一九九六年
同『治安維持法小史』岩波現代文庫、二〇〇六年
尾崎秀樹『ゾルゲ事件』中公新書、一九六三年
同『生きているユダ―ゾルゲ事件その戦後への証言』角川文庫、二〇〇三年
小田中聰樹『刑事訴訟法の歴史的分析』法律文化社、一九七六年
同『治安政策と法の展開過程』法律文化社、一九八二年
同『刑事訴訟法の史的構造』有斐閣、一九八六年
大日方純夫『日本近代国家の成立と警察』校倉書房、一九九二年
同『近代日本の警察と地域社会』筑摩書房、二〇〇〇年
片山杜秀『近代日本の右翼思想』講談社選書メチエ、二〇〇七年
加藤陽子『天皇の歴史八　昭和天皇と戦争の世紀』講談社、二〇一一年
川村貞四郎『官界の表裏』雄山閣、一九七四年
川上徹『アカ』筑摩書房、二〇〇二年
北岡伸一『日本の近代五　政党から軍部へ』中央公論新社、一九九九年
『季報・唯物論研究』編集部編『証言　唯物論研究会事件と天皇制』新泉社、一九八九年
木村亨『横浜事件の真相　つくられた「泊」会議』筑摩書房、一九八二年
黒澤良『清瀬一郎―ある法曹政治家の生涯』駿河台出版社、一九九四年
警視庁史編さん委員会編集『警視庁史』一九五九～六二年
小林峻一・鈴木隆一『昭和史最大のスパイ・M　日本共産党を壊滅させた男』WAC、二〇〇六年
紅野謙介『検閲と文学』河出ブックス、二〇〇九年
河野有理『明六雑誌の政治思想　阪谷素と「道理」の挑戦』東京大学出版会、二〇一一年
小林幸男『日ソ政治外交史―ロシア革命と治安維持法―』有斐閣、一九八五年
小山弘健著、津田道夫編・解説『戦後日本共産党史　党内闘争の歴史』こぶし文庫、二〇〇八年
酒井哲哉『大正デモクラシー体制の崩壊』東京大学出版会、一九九二年
潮見俊隆『治安維持法』岩波新書、一九七七年
思想の科学研究会編『共同研究：転向』改訂増補上巻、平凡社、一九七八年
清水幾太郎『戦後を疑う』講談社、一九八〇年
下斗米伸夫『日本冷戦史』岩波書店、二〇一一年

白井久也『ゾルゲ事件の謎を解く　国際諜報団の内幕』社会評論社、二〇〇八年
鈴木多聞『「終戦」の政治史』東京大学出版会、二〇一一年
須藤博忠『ドイツ社会主義運動史』日刊労働通信社、一九六八年
関之『破壊活動防止法解説』新警察社、一九五二年
大霞会編『内務省史　一〜四』地方財務協会、一九七〇〜七一年
同『内務省外史』地方財務協会、一九七七年
同『続内務省外史』地方財務協会、一九八七年
竹内洋『大学という病』中公文庫、二〇〇七年
竹前栄治『戦後労働改革　GHQ労働政策史』東京大学出版会、一九八二年
立花隆『日本共産党の研究』(一)〜(三)、講談社文庫、一九八三〜八四年
筒井清忠『近衛文麿　教養主義的ポピュリストの悲劇』岩波現代文庫、二〇〇九年
同志社大学人文科学研究所編『戦時下抵抗の研究　キリスト者・自由主義者の場合一』みすず書房、一九六八年
中園裕『新聞検閲制度運用論』清文堂、二〇〇六年
中村智子『増補版　横浜事件の人びと』田畑書店、一九八〇年
奈良岡聰智『加藤高明と政党政治』山川出版社、二〇〇六年
二・四事件記録刊行委員会編『抵抗の歴史　戦時下長野県における教育労働者の闘い』労働旬報社、一九六九年
日本共産党中央委員会編『日本共産党の七十年　上下・党史年表』新日本出版社、一九九四年
日本社会党・日本社会党結党20周年記念事業実行委員会編『日本社会党二〇年の記録　結党二〇周年記念出版』日本社会党機関紙出版局、一九六五年
秦郁彦『軍ファシズム運動史』原書房、一九八〇年
畑中繁雄著、梅田正巳編『日本ファシズムの言論弾圧抄史』高文研、一九八六年
林癸未夫『国家社会主義原理』章華社、一九三二年
平田哲男『レッド・パージの史的究明』新日本出版社、二〇〇二年
古川隆久『昭和天皇』中公新書、二〇一一年
マイルズ・フレッチャー著、竹内洋、井上義和訳『知識人とファシズム』柏書房、二〇一一年
保阪正康『農村青年社事件』筑摩選書、二〇一一年
本庄豊『テロルの時代　山宣暗殺者・黒田保久二とその黒幕』群青社、二〇〇九年
前野茂『満洲国司法建設回想記』一九八五年
増田弘『マッカーサー』中公新書、二〇〇九年
松尾尊兊『普通選挙制度成立史の研究』岩波書店、一九八九年

同『滝川事件』岩波現代文庫、二〇〇五年
松尾洋『治安維持法と特高警察』教育社歴史新書、一九七九年
ダグラス＝マッカーサー著、津島一夫訳『マッカーサー大戦回顧録 下』中公文庫、二〇〇三年
松岡英夫『人権擁護六十年―弁護士海野普吉』中公新書、一九七五年
松田利彦『日本の朝鮮植民地支配と警察 一九〇五～一九四五年』校倉書房、二〇〇九年
松山一忠『思想犯保護観察法とは』京都保護観察所、一九三九年
満洲国治安部警務司編『満洲国警察史』上、一九四二年
水野直樹『植民地期朝鮮・台湾における治安維持法に関する研究』平成八―一〇年度科学研究費補助金（基盤研究（C））（二）成果報告書、一九九九年
三谷太一郎『新版 大正デモクラシー論』東京大学出版会、一九九五年
同『政治制度としての陪審制』東京大学出版会、二〇〇一年
リチャード・H・ミッチェル著、奥平康弘・江橋崇訳『戦前日本の思想統制』日本評論社、一九八〇年
宮地忠彦『震災と治安秩序構想―大正デモクラシー期の「善導」主義をめぐって』クレイン、二〇一二年
向山寛夫『日本統治下における台湾民族運動史』中央経済研究所、一九八七年
森山武市郎『思想犯保護観察法解説』松華堂書店、一九三七年
柳河瀬精『告発戦後の特高官僚 反動潮流の源泉』日本機関紙出版センター、二〇〇五年
矢部貞治『近衛文麿』読売新聞社、一九七六年
山口近治著、教育運動史研究会編『治安維持法下の教育労働運動』新樹出版、一九七七年
吉野作造『公人の常識』文化生活研究会、一九二五年
吉見義明『草の根のファシズム』東京大学出版会、一九八七年
我妻栄編集代表『日本政治裁判史録』第一法規出版、一九六八～七〇年
若林正丈『台湾抗日運動史研究』研文出版、一九八三年
渡邉昭夫編『戦後日本の宰相たち』中公文庫、二〇〇一年
渡部富哉『偽りの烙印―伊藤律・スパイ説の崩壊―』五月書房、一九九三年

論文

青木孝寿「二・四事件と信州の教師たち」『季刊現代史』七、一九七六年
江橋崇「昭和期の特高警察」『季刊現代史』七
大久保留次郎「思想警察の内幕」『特集文藝春秋』一

九五六年二月号
太田耐造「改正治安維持法を繞（めぐ）る若干の問題」『法律時報』一九四一年五月号
荻野富士夫「一九二〇年代前半の治安立法構想―治安維持法成立の理解のために」一・二、『政治経済史学』一六七・一六八、一九八〇年
同「解説　治安維持法成立・「改正」史」『治安維持法関係資料集』第四巻、新日本出版社、一九九五年
同「総力戦下の治安体制」倉沢愛子・杉原達・成田龍一・テッサ・モーリス－スズキ・油井大三郎・吉田裕編集委員『岩波講座アジア・太平洋戦争二　戦争の政治学』岩波書店、二〇〇五年
奥平康弘「検閲制度」鵜飼信成他編『日本近代法発達史　一一』勁草書房、一九六七年
同「治安維持法を論ずる―清水幾太郎「戦後を疑う」を疑う―」『世界』一九七八年十一月号
小栗勝也「治安維持法反対論の諸相」『法学研究』六八（一）、一九九五年
小幡尚「陪審法の意義と限界―政治犯との関係を中心に―」『北大史学』三七、一九九七年
河原宏「天皇制国家の統治原理―「治安維持法の政治過程」序説―」『社会科学討究』一三（二）、一九六八年
木坂順一郎「治安維持法反対運動」（上）（下）『日本史研究』一一七・一一九、一九七一年
崔鐘吉「内務官僚と治安維持法の成立」『年報日本史叢』二〇〇二年
同「山岡萬之助と治安維持法の改正」『日本文化研究』一六、二〇〇五年
佐々木惣一「無政府主義の学術論文と朝憲紊乱事項」『法学論叢』三（四）、一九二〇年
佐藤博史「画期的な、横浜事件・刑事補償決定」『世界』二〇一〇年四月号
竹内洋「メディア知識人の運命―清水幾太郎論の試み」『中央公論』二〇一〇年四月号
長井純市「海外駐在内務事務官について―戦前期警察行政の一側面―」『年報・近代日本研究』一二、山川出版社、一九九〇年
中里建夫「我国に於ける現時の社会思想と思想犯人に対する行刑」『司法研究』第一二輯二、一九三〇年三月
中澤俊輔「治安維持法の再検討―政党内閣期（一九一八～三二）を中心として」『年報政治学』二〇一〇―I
中園裕「戦前期検閲制度運用論」『メディア史研究』四、一九九六年
朴慶植「治安維持法による朝鮮人弾圧」『季刊現代史』七
福田恆存「近代日本知識人の典型清水幾太郎を論ず」『中央公論』一九八〇年十月号

古川隆久「大正期の前田米蔵」『日本大学文理学部人文科学研究所研究紀要』七五、二〇〇八年
松井慎一郎「枢密院と思想問題─平沼騏一郎を中心に─」由井正臣編『枢密院の研究』吉川弘文館、二〇〇三年
松尾尊兊「第一時世界大戦後の治安立法構想」藤原彰・松尾尊兊編『論集現代史』筑摩書房、一九七六年
水野直樹「日本の朝鮮支配と治安維持法」旗田巍編『朝鮮の近代史と日本』大和書房、一九八七年
同「植民地独立運動に対する治安維持法の適用」浅野豊美・松田利彦編『植民地帝国日本の法的構造』信山社、二〇〇四年
同「戦時期朝鮮の治安維持体制」『岩波講座アジア・太平洋戦争七　支配と暴力』岩波書店、二〇〇六年
三宅正太郎「治安維持法」末弘厳太郎編『現代法学全集』第三七巻、日本評論社、一九三一年
宮田豊「治安維持法に所謂『国体』の意義」『法学論叢』七八（三）、一九六六年
村上重良「治安維持法による宗教弾圧」『季刊現代史』七
森戸辰男「治安維持法と社会民主主義」『我等』一九二五年三月号
山辺健太郎「治安維持法の体験と考察」『季刊現代史』七
吉野作造「学生大検挙に絡まる諸問題」『中央公論』一九二六年十月号
吉橋敏雄「団体等規正令逐条解説」『警察研究』二〇（五）、一九四九年
同「団体等規正令について」『法律時報』二二（一〇）、一九五〇年
吉見義明「田中（義）内閣下の治安維持法改正問題」『歴史学研究』四四一、一九七七年
渡辺治「一九二〇年代における天皇制国家の治安法制再編成をめぐって─治安維持法成立史論─」『社会科学研究』二七（五・六）、一九七六年
同「治安維持法の成立をめぐって」『季刊現代史』七
同「日本帝国主義の支配構造─一九二〇年代における天皇制国家秩序再編成の意義と限界」『歴史学研究』別冊特集、一九八二年

関係法令文

◎治安維持法
（大正一四年四月二十二日公布法律第四十六号）

第一条　国体ヲ変革シ又ハ私有財産制度ヲ否認スルコトヲ目的トシテ結社ヲ組織シ又ハ情ヲ知リテ之ニ加入シタル者ハ十年以下ノ懲役又ハ禁錮ニ処ス
前項ノ未遂罪ハ之ヲ罰ス
第二条　前条第一項ノ目的ヲ以テ其ノ目的タル事項ノ実行ニ関シ協議ヲ為シタル者ハ七年以下ノ懲役又ハ禁錮ニ処ス
第三条　第一条第一項ノ目的ヲ以テ其ノ目的タル事項ノ実行ヲ煽動シタル者ハ七年以下ノ懲役又ハ禁錮ニ処ス
第四条　第一条第一項ノ目的ヲ以テ騒擾、暴行其ノ他生命、身体又ハ財産ニ害ヲ加フヘキ犯罪ヲ煽動シタル者ハ十年以下ノ懲役又ハ禁錮ニ処ス
第五条　第一条第一項及前三条ノ罪ヲ犯サシムルコトヲ目的トシテ金品其ノ他ノ財産上ノ利益ヲ供与シ又ハ其ノ申込若ハ約束ヲ為シタル者ハ五年以下ノ懲役又ハ禁錮ニ処ス情ヲ知リテ供与ヲ受ケ又ハ其ノ要求若ハ約束ヲ為シタル者亦同シ
第六条　前五条ノ罪ヲ犯シタル者自首シタルトキハ其ノ刑ヲ減軽又ハ免除ス
第七条　本法ハ何人ヲ問ハス本法施行区域外ニ於テ罪ヲ犯シタル者ニ亦之ヲ適用ス

附　則

大正十二年勅令第四百三号ハ之ヲ廃止ス

◎治安維持法改正緊急勅令
（昭和三年六月二十九日公布勅令第百二十九号）

治安維持法中左ノ通改正ス
第一条　国体ヲ変革スルコトヲ目的トシテ結社ヲ組織シタル者又ハ結社ノ役員其ノ他指導者タル任務ニ従事シタル者ハ死刑又ハ無期若ハ五年以上ノ懲役若ハ禁錮ニ処シ情ヲ知リテ結社ニ加入シタル者又ハ結社ノ目的遂行ノ為ニスル行為ヲ為シタル者ハ二年以上ノ有期ノ懲役又ハ禁錮ニ処ス
私有財産制度ヲ否認スルコトヲ目的トシテ結社ヲ組織シタル者、結社ニ加入シタル者又ハ結社ノ目的遂行ノ為ニスル行為ヲ為シタル者ハ十年以下ノ懲役又ハ禁錮ニ処ス
前二項ノ未遂罪ハ之ヲ罰ス
第二条中「前条第一項」ヲ「前条第一項又ハ第二項」ニ改ム
第三条及第四条中「第一条第一項」ヲ「第一条第一項

又ハ第二項」ニ改ム
第五条中「第一条第一項及」ヲ「第一条第一項第二項又ハ」ニ改ム

附　則

本令ハ公布ノ日ヨリ之ヲ施行ス

◎思想犯保護観察法
（昭和十一年五月二十九日公布法律第二十九号）

第一条　治安維持法ノ罪ヲ犯シタル者ニ対シ刑ノ執行猶予ノ言渡アリタル場合又ハ訴追ヲ必要トセザル為公訴ヲ提起セザル場合ニ於テハ保護観察審査会ノ決議ニ依リ本人ヲ保護観察ニ付スルコトヲ得本人刑ノ執行ヲ終リ又ハ仮出獄ヲ許サレタル場合亦同ジ

第二条　保護観察ニ於テハ本人ヲ保護シテ更ニ罪ヲ犯スノ危険ヲ防止スル為其ノ思想及行動ヲ観察スルモノトス

第三条　保護観察ハ本人ヲ保護観察所ノ保護司ノ観察ニ付シ又ハ保護者ニ引渡シ若ハ保護団体、寺院、教会、病院其ノ他適当ナル者ニ委託シテ之ヲ為ス

第四条　保護観察ニ付セラレタル者ニ対シテハ居住、交友又ハ通信ノ制限其ノ他適当ナル条件ノ遵守ヲ命ズルコトヲ得

第五条　保護観察ノ期間ハ二年トス特ニ継続ノ必要アル場合ニ於テハ保護観察審査会ノ決議ニ依リ之ヲ更新スルコトヲ得

第六条　第一条ニ定ムル事由ノ生ジタル場合ニ於テ必要アルトキハ本人ニ対シ保護観察審査会ノ決議前仮ニ第三条ノ処分ヲ為スコトヲ得

第七条　第三条又ハ第四条ノ処分ハ其ノ執行中何時ニテモ之ヲ取消シ又ハ変更スルコトヲ得前条ノ処分ニ付亦同ジ

第八条　保護観察所ハ必要アルトキハ保護司ヲシテ本人ヲ同行セシムルコトヲ得

第九条　保護観察所及保護司ハ其ノ職務ヲ行フニ付公務所又ハ公務員ニ対シ嘱託ヲ為シ其ノ他必要ナル補助ヲ求ムルコトヲ得

第十条　本人ヲ保護団体、寺院、教会、病院又ハ適当ナル者ニ委託シタルトキハ委託ヲ受ケタル者ニ対シ之ニ因リテ生ジタル費用ノ全部又ハ一部ヲ給付スルコトヲ得

第十一条　前条ノ費用ハ保護観察所ノ命令ニ依リ本人又ハ本人ヲ扶養スル義務アル者ヨリ其ノ全部又ハ一部ヲ徴収スルコトヲ得此ノ命令ニ付テハ非訟事件手続法第二百八条ノ規定ヲ準用ス
前項ノ命令ニ不服アル者ハ命令ノ告知ヲ受ケタル日ヨリ一月内ニ通常裁判所ニ出訴スルコトヲ得此ノ出訴ハ執行停止ノ効力ヲ有セズ

第十二条　少年ニシテ治安維持法ノ罪ヲ犯シタル者ニ

ハ少年法ノ保護処分ニ関スル規定ヲ適用セズ
第十三条 本法ハ陸軍刑法第八条、第九条及海軍刑法第八条、第九条ニ掲グル者ニハ之ヲ適用セズ
第十四条 保護観察所及保護観察審査会ノ組織及権限並ニ保護観察ノ実行ニ関シ必要ナル事項ハ勅令ヲ以テ之ヲ定ム

附 則

本法施行ノ期日ハ勅令ヲ以テ之ヲ定ム
本法ハ本法施行前ニ第一条ニ定ムル事由ノ生ジタル場合ニモ亦之ヲ適用ス

◎治安維持法

（昭和十六年三月十日公布法律第五十四号）

第一章 罪

第一条 国体ヲ変革スルコトヲ目的トシテ結社ヲ組織シタル者又ハ結社ノ役員其ノ他指導者タル任務ニ従事シタル者ハ死刑又ハ無期若ハ七年以上ノ懲役ニ処シ情ヲ知リテ結社ニ加入シタル者又ハ結社ノ目的遂行ノ為ニスル行為ヲ為シタル者ハ三年以上ノ有期懲役ニ処ス
第二条 前条ノ結社ヲ支援スルコトヲ目的トシテ結社ヲ組織シタル者又ハ結社ノ役員其ノ他指導者タル任務ニ従事シタル者ハ死刑又ハ無期若ハ五年以上ノ懲役ニ処シ情ヲ知リテ結社ニ加入シタル者又ハ結社ノ目的遂行ノ為ニスル行為ヲ為シタル者ハ二年以上ノ有期懲役ニ処ス
第三条 第一条ノ結社ノ組織ヲ準備スルコトヲ目的トシテ結社ヲ組織シタル者又ハ結社ノ役員其ノ他指導者タル任務ニ従事シタル者ハ死刑又ハ無期若ハ五年以上ノ懲役ニ処シ情ヲ知リテ結社ニ加入シタル者又ハ結社ノ目的遂行ノ為ニスル行為ヲ為シタル者ハ二年以上ノ有期懲役ニ処ス
第四条 前三条ノ目的ヲ以テ集団ヲ結成シタル者又ハ集団ヲ指導シタル者ハ無期又ハ三年以上ノ懲役ニ処シ前三条ノ目的ヲ以テ集団ニ参加シタル者又ハ集団ニ関シ前三条ノ目的遂行ノ為ニスル行為ヲ為シタル者ハ一年以上ノ有期懲役ニ処ス
第五条 第一条乃至第三条ノ目的ヲ以テ其ノ目的タル事項ノ実行ニ関シ協議若ハ煽動ヲ為シ又ハ其ノ目的タル事項ヲ宣伝シ其ノ他其ノ目的遂行ノ為ニスル行為ヲ為シタル者ハ一年以上十年以下ノ懲役ニ処ス
第六条 第一条乃至第三条ノ目的ヲ以テ騒擾、暴行其ノ他生命、身体又ハ財産ニ害ヲ加フベキ犯罪ヲ煽動シタル者ハ二年以上ノ有期懲役ニ処ス
第七条 国体ヲ否定シ又ハ神宮若ハ皇室ノ尊厳ヲ冒瀆スベキ事項ヲ流布スルコトヲ目的トシテ結社ヲ組織シタル者又ハ結社ノ役員其ノ他指導者タル任務ニ従事シタル者ハ無期又ハ四年以上ノ懲役ニ処シ情ヲ知リテ結

社ニ加入シタル者又ハ結社ノ目的遂行ノ為ニスル行為ヲ為シタル者ハ一年以上ノ有期懲役ニ処ス

第八条　前条ノ目的ヲ以テ集団ヲ結成シタル者又ハ集団ヲ指導シタル者ハ無期又ハ三年以上ノ懲役ニ処シ前条ノ目的ヲ以テ集団ニ参加シタル者又ハ集団ニ関シ前条ノ目的遂行ノ為ニスル行為ヲ為シタル者ハ一年以上ノ有期懲役ニ処ス

第九条　前八条ノ罪ヲ犯サシムルコトヲ目的トシテ金品其ノ他ノ財産上ノ利益ヲ供与シ又ハ其ノ申込若ハ約束ヲ為シタル者ハ十年以下ノ懲役ニ処ス情ヲ知リテ供与ヲ受ケ又ハ其ノ要求若ハ約束ヲ為シタル者亦同ジ

第十条　私有財産制度ヲ否認スルコトヲ目的トシテ結社ヲ組織シタル者又ハ情ヲ知リテ結社ニ加入シタル者若ハ結社ノ目的遂行ノ為ニスル行為ヲ為シタル者ハ十年以下ノ懲役又ハ禁錮ニ処ス

第十一条　前条ノ目的ヲ以テ其ノ目的タル事項ノ実行ニ関シ協議ヲ為シ又ハ其ノ目的タル事項ノ実行ヲ煽動シタル者ハ七年以下ノ懲役又ハ禁錮ニ処ス

第十二条　第十条ノ目的ヲ以テ騒擾、暴行其ノ他生命、身体又ハ財産ニ害ヲ加フベキ犯罪ヲ煽動シタル者ハ十年以下ノ懲役又ハ禁錮ニ処ス

第十三条　前三条ノ罪ヲ犯サシムルコトヲ目的トシテ金品其ノ他ノ財産上ノ利益ヲ供与シ又ハ其ノ申込若ハ約束ヲ為シタル者ハ五年以下ノ懲役又ハ禁錮ニ処ス情ヲ知リテ供与ヲ受ケ又ハ其ノ要求若ハ約束ヲ為シタル者亦同ジ

第十四条　第一条乃至第四条、第七条、第八条及第十条ノ未遂罪ハ之ヲ罰ス

第十五条　本章ノ罪ヲ犯シタル者自首シタルトキハ其ノ刑ヲ減軽又ハ免除ス

第十六条　本章ノ規定ハ何人ヲ問ハズ本法施行地外ニ於テ罪ヲ犯シタル者ニ亦之ヲ適用ス

第二章　刑事手続

第十七条　本章ノ規定ハ第一章ニ掲グル罪ニ関スル事件ニ付之ヲ適用ス

第十八条　検事ハ被疑者ヲ召喚シ又ハ其ノ召喚ヲ司法警察官ニ命令スルコトヲ得

検事ノ命令ニ因リ司法警察官ノ発スル召喚状ニハ命令ヲ為シタル検事ノ職、氏名及其ノ命令ニ因リ之ヲ発スル旨ヲモ記載スベシ

召喚状ノ送達ニ関スル裁判所書記及執達吏ニ属スル職務ハ司法警察官吏之ヲ行フコトヲ得

第十九条　被疑者正当ノ事由ナクシテ前条ノ規定ニ依ル召喚ニ応ゼズ又ハ刑事訴訟法第八十七条第一項各号ニ規定スル事由アルトキハ検事ハ被疑者ヲ勾引シ又ハ其ノ勾引ヲ他ノ検事ニ嘱託シ若ハ司法警察官ニ命令スルコトヲ得

前条第二項ノ規定ハ検事ノ命令ニ因リ司法警察官ノ発

スル勾引状ニ付之ヲ準用ス

第二十条　勾引シタル被疑者ハ指定セラレタル場所ニ引致シタル時ヨリ四十八時間内ニ検事又ハ司法警察官之ヲ訊問スベシ其ノ時間内ニ勾留状ヲ発セザルトキハ検事ハ被疑者ヲ釈放シ司法警察官ヲシテ之ヲ釈放セシムベシ

第二十一条　刑事訴訟法第八十七条第一項各号ニ規定スル事由アルトキハ検事ハ被疑者ヲ勾留シ又ハ其ノ勾留ヲ司法警察官ニ命令スルコトヲ得

第十八条第二項ノ規定ハ検事ノ命令ニ因リ司法警察官ノ発スル勾留状ニ付之ヲ準用ス

第二十二条　勾留ニ付テハ警察官署又ハ憲兵隊ノ留置所ヲ以テ監獄ニ代用スルコトヲ得

第二十三条　勾留ノ期間ハ二月トス特ニ継続ノ必要アルトキハ地方裁判所検事又ハ区裁判所検事ハ検事長ノ許可ヲ受ケ一月毎ニ勾留ノ期間ヲ更新スルコトヲ得但シ通ジテ一年ヲ超ユルコトヲ得ズ

第二十四条　勾留ノ事由消滅シ其ノ他勾留ヲ継続スルノ必要ナシト思料スルトキハ検事ハ速ニ被疑者ヲ釈放シ又ハ司法警察官ヲシテ之ヲ釈放セシムベシ

第二十五条　検事ハ被疑者ノ住居ヲ制限シテ勾留ノ執行ヲ停止スルコトヲ得

刑事訴訟法第百十九条第一項ニ規定スル事由アル場合ニ於テハ検事ハ勾留ノ執行停止ヲ取消スコトヲ得

第二十六条　検事ハ被疑者ヲ訊問シ又ハ其ノ訊問ヲ司法警察官ニ命令スルコトヲ得

検事ハ公訴提起前ニ限リ証人ヲ訊問シ又ハ其ノ訊問ヲ他ノ検事ニ嘱託シ若ハ司法警察官ニ命令スルコトヲ得

司法警察官検事ノ命令ニ因リ被疑者又ハ証人ヲ訊問シタルトキハ命令ヲ為シタル検事ノ職、氏名及其ノ命令ニ因リ訊問シタル旨ヲ訊問調書ニ記載スベシ

第十八条第二項及第三項ノ規定ハ証人訊問ニ付之ヲ準用ス

第二十七条　検事ハ公訴提起前ニ限リ押収、捜索若ハ検証ヲ為シ又ハ其ノ処分ヲ他ノ検事ニ嘱託シ若ハ司法警察官ニ命令スルコトヲ得

検事ハ公訴提起前ニ限リ鑑定、通訳若ハ翻訳ヲ命ジ又ハ其ノ処分ヲ他ノ検事ニ嘱託シ若ハ司法警察官ニ命令スルコトヲ得

前条第三項ノ規定ハ押収、捜索又ハ検証ノ調書及鑑定人、通事又ハ翻訳人ノ訊問調書ニ付之ヲ準用ス

第十八条第二項及第三項ノ規定ハ鑑定、通訳及翻訳ニ付之ヲ準用ス

第二十八条　刑事訴訟法中被告人ノ召喚、勾引及勾留、被告人及証人ノ訊問、押収、捜索、検証、鑑定、通訳並ニ翻訳ニ関スル規定ハ別段ノ規定アル場合ヲ除クノ外被疑事件ニ付之ヲ準用ス但シ保釈及責付ニ関スル規定ハ此ノ限ニ在ラズ

第二十九条　弁護人ハ司法大臣ノ予メ指定シタル弁護士ノ中ヨリ之ヲ選任スベシ但シ刑事訴訟法第四十条第

二項ノ規定ノ適用ヲ妨ゲズ
第三十条　弁護人ノ数ハ被告人一人ニ付二人ヲ超ユルコトヲ得ズ
弁護人ノ選任ハ最初ニ定メタル公判期日ニ係ル召喚状ノ送達ヲ受ケタル日ヨリ十日ヲ経過シタルトキハ之ヲ為スコトヲ得ズ但シ已ムコトヲ得ザル事由アル場合ニ於テ裁判所ノ許可ヲ受ケタルトキハ此ノ限ニ在ラズ
第三十一条　弁護人ハ訴訟ニ関スル書類ノ謄写ヲ為サントスルトキハ裁判長又ハ予審判事ノ許可ヲ受クルコトヲ要ス
弁護人ノ訴訟ニ関スル書類ノ閲覧ハ裁判長又ハ予審判事ノ指定シタル場所ニ於テ之ヲ為スベシ
第三十二条　被告事件公判ニ付セラレタル場合ニ於テ検事必要アリト認ムルトキハ管轄移転ノ請求ヲ為スコトヲ得但シ第一回公判期日ノ指定アリタル後ハ此ノ限ニ在ラズ
前項ノ請求ハ事件ノ繋属スル裁判所及移転先裁判所ニ共通スル直近上級裁判所ニ之ヲ為スベシ
第一項ノ請求アリタルトキハ決定アル迄訴訟手続ヲ停止スベシ
第三十三条　第一章ニ掲グル罪ヲ犯シタルモノト認メタル第一審ノ判決ニ対シテハ控訴ヲ為スコトヲ得ズ
前項ニ規定スル第一審ノ判決ニ対シテハ直接上告ヲ為スコトヲ得
上告ハ刑事訴訟法ニ於テ第二審ノ判決ニ対シ上告ヲ為スコトヲ得ル理由アル場合ニ於テ之ヲ為スコトヲ得
上告裁判所ハ第二審ノ判決ニ対スル上告事件ニ関スル手続ニ依リ裁判ヲ為スベシ
第三十四条　第一章ニ掲グル罪ヲ犯シタルモノト認メタル第一審ノ判決ニ対シ上告アリタル場合ニ於テ上告裁判所同章ニ掲グル罪ヲ犯シタルモノニ非ザルコトヲ疑フニ足ルベキ顕著ナル事由アルモノト認ムルトキハ判決ヲ以テ原判決ヲ破毀シ事件ヲ管轄控訴裁判所ニ移送スベシ
第三十五条　上告裁判所ハ公判期日ノ通知ニ付テハ刑事訴訟法第四百二十二条第一項ノ期間ニ依ラザルコトヲ得
第三十六条　刑事手続ニ付テハ別段ノ規定アル場合ヲ除クノ外一般ノ規定ノ適用アルモノトス
第三十七条　本章ノ規定ハ第二十二条、第二十三条、第二十九条、第三十条第一項、第三十二条、第三十三条及第三十四条ノ規定ヲ除クノ外軍法会議ノ刑事手続ニ付之ヲ準用ス此ノ場合ニ於テ刑事訴訟法第八十七条第一項トアルハ陸軍軍法会議法第百四十三条又ハ海軍軍法会議法第百四十三条、刑事訴訟法第四百二十二条第一項トアルハ陸軍軍法会議法第四百四十四条第一項又ハ海軍軍法会議法第四百四十六条第一項トシ第二十五条第二項中刑事訴訟法第百十九条第一項ニ規定スル事由アル場合ニ於テハトアルハ何時ニテモトス
第三十八条　朝鮮ニ在リテハ本章中司法大臣トアルハ

朝鮮総督、検事長トアルハ覆審法院検事長、地方裁判所検事又ハ区裁判所検事トアルハ地方法院検事、刑事訴訟法トアルハ朝鮮刑事令ニ於テ依ルコトヲ定メタル刑事訴訟法トス但シ刑事訴訟法第四百二十二条第一項トアルハ朝鮮刑事令第三十一条トス

第三章　予防拘禁

第三十九条　第一章ニ掲グル罪ヲ犯シ刑ニ処セラレタル者其ノ執行ヲ終リ釈放セラルベキ場合ニ於テ釈放後ニ於テ更ニ同章ニ掲グル罪ヲ犯スノ虞アルコト顕著ナルトキハ裁判所ハ検事ノ請求ニ因リ本人ヲ予防拘禁ニ付スル旨ヲ命ズルコトヲ得

第一章ニ掲グル罪ヲ犯シ刑ニ処セラレ其ノ執行ヲ終リタル者又ハ罪ノ執行猶予ノ言渡ヲ受ケタル者思想犯保護観察法ニ依リ保護観察ニ付セラレ居ル場合ニ於テ保護観察ニ依ルモ同章ニ掲グル罪ヲ犯スノ危険ヲ防止スルコト困難ニシテ更ニ之ヲ犯スノ虞アルコト顕著ナルトキ亦前項ニ同ジ

第四十条　予防拘禁ノ請求ハ本人ノ現在地ヲ管轄スル地方裁判所ノ検事其ノ裁判所ニ之ヲ為スベシ

前項ノ請求ハ保護観察ニ付セラレ居ル者ニ係ルトキハ其ノ保護観察ヲ為ス保護観察所ノ所在地ヲ管轄スル地方裁判所ノ検事其ノ裁判所ニ之ヲ為スコトヲ得

予防拘禁ノ請求ヲ為スニハ予メ予防拘禁委員会ノ意見ヲ求ムルコトヲ要ス

予防拘禁委員会ニ関スル規程ハ勅令ヲ以テ之ヲ定ム

第四十一条　検事ハ予防拘禁ノ請求ヲ為スニ付テハ必要ナル取調ヲ為シ又ハ公務所ニ照会シテ必要ナル事項ノ報告ヲ求ムルコトヲ得

前項ノ取調ヲ為スニ付必要アル場合ニ於テハ司法警察官吏ヲシテ本人ヲ同行セシムルコトヲ得

第四十二条　検事ハ本人定リタル住居ヲ有セザル場合又ハ逃亡シ若ハ逃亡スル虞アル場合ニ於テ予防拘禁ノ請求ヲ為スニ付必要アルトキハ本人ヲ予防拘禁所ニ仮ニ収容スルコトヲ得但シ已ムコトヲ得ザル事由アル場合ニ於テハ監獄ニ仮ニ収容スルコトヲ妨ゲズ

前項ノ仮収容ハ本人ノ陳述ヲ聴キタル後ニ非ザレバ之ヲ為スコトヲ得ズ但シ本人陳述ヲ肯ゼズ又ハ逃亡シタル場合ハ此ノ限ニ在ラズ

第四十三条　前条ノ仮収容ノ期間ハ十日トス其ノ期間内ニ予防拘禁ノ請求ヲ為サザルトキハ速ニ本人ヲ釈放スベシ

第四十四条　予防拘禁ノ請求アリタルトキハ裁判所ハ本人ノ陳述ヲ聴キ決定ヲ為スベシ此ノ場合ニ於テハ裁判所ハ本人ニ出頭ヲ命ズルコトヲ得

本人陳述ヲ肯ゼズ又ハ逃亡シタルトキハ陳述ヲ聴カズシテ決定ヲ為スコトヲ得

刑ノ執行終了前予防拘禁ノ請求アリタルトキハ裁判所ハ刑ノ執行終了後ト雖モ予防拘禁ニ付スル旨ノ決定ヲ

為スコトヲ得

第四十五条　裁判所ハ事実ノ取調ヲ為スニ付必要アル場合ニ於テハ参考人ニ出頭ヲ命ジ事実ノ陳述又ハ鑑定ヲ為サシムルコトヲ得

裁判所ハ公務所ニ照会シテ必要ナル事項ノ報告ヲ求ムルコトヲ得

第四十六条　検事ハ裁判所ガ本人ヲシテ陳述ヲ為サシメ又ハ参考人ヲシテ事実ノ陳述若ハ鑑定ヲ為サシムル場合ニ立会ヒ意見ヲ開陳スルコトヲ得

第四十七条　本人ノ属スル家ノ戸主、配偶者又ハ四親等内ノ血族若ハ三親等内ノ姻族ハ裁判所ノ許可ヲ受ケ輔佐人ト為ルコトヲ得

輔佐人ハ裁判所ガ本人ヲシテ陳述ヲ為サシメ若ハ参考人ヲシテ事実ノ陳述若ハ鑑定ヲ為サシムル場合ニ立会ヒ意見ヲ開陳シ又ハ参考ト為ルベキ資料ヲ提出スルコトヲ得

第四十八条　左ノ場合ニ於テハ裁判所ハ本人ヲ勾引スルコトヲ得

一　本人定リタル住居ヲ有セザルトキ

二　本人逃亡シタルトキ又ハ逃亡スル虞アルトキ

三　本人正当ノ理由ナクシテ第四十四条第一項ノ出頭命令ニ応セザルトキ

第四十九条　前条第一号又ハ第二号ニ規定スル事由アルトキハ裁判所ハ本人ヲ予防拘禁所ニ仮ニ収容スルコトヲ得但シ已ムコトヲ得ザル事由アル場合ニ於テハ監獄ニ仮ニ収容スルコトヲ妨ゲズ

本人監獄ニアルトキハ前項ノ事由ナシト雖モ之ヲ仮ニ収容スルコトヲ得

第四十二条第二項ノ規定ハ第一項ノ場合ニ付之ヲ準用ス

第五十条　別段ノ規定アル場合ヲ除クノ外刑事訴訟法中勾引ニ関スル規定ハ第四十八条ノ勾引ニ、勾留ニ関スル規定ハ第四十二条及前条ノ仮収容ニ付之ヲ準用ス但シ保釈及責付ニ関スル規定ハ此ノ限ニ在ラズ

第五十一条　予防拘禁ニ付セザル旨ノ決定ニ対シテハ検事ハ即時抗告ヲ為スコトヲ得

予防拘禁ニ付スル旨ノ決定ニ対シテハ本人及輔佐人ハ即時抗告ヲ為スコトヲ得

第五十二条　別段ノ規定アル場合ヲ除クノ外刑事訴訟法中決定ニ関スル規定ハ第四十四条ノ決定ニ、即時抗告ニ関スル規定ハ前条ノ即時抗告ニ付之ヲ準用ス

第五十三条　予防拘禁ニ付セラレタル者ハ予防拘禁所ニ之ヲ収容シ改悛セシムル為必要ナル処置ヲ為スベシ

予防拘禁所ニ関スル規程ハ勅令ヲ以テ之ヲ定ム

第五十四条　予防拘禁ニ付セラレタル者ハ法令ノ範囲内ニ於テ他人ト接見シ又ハ信書其ノ他ノ物ノ授受ヲ為スコトヲ得

予防拘禁ニ付セラレタル者ニ対シテハ信書其ノ他ノ物ノ検閲、差押若ハ没収ヲ為シ又ハ保安若ハ懲戒ノ為必要ナル処置ヲ為スコトヲ得仮ニ収容セラレタル者及本

章ノ規定ニ依リ勾引状ノ執行ヲ受ケ留置セラレタル者ニ付亦同ジ

第五十五条　予防拘禁ノ期間ハ二年トス特ニ継続ノ必要アル場合ニ於テハ裁判所ハ決定ヲ以テ之ヲ更新スルコトヲ得

予防拘禁ノ期間満了前更新ノ請求アリタルトキハ裁判所ハ期間満了後ト雖モ更新ノ決定ヲ為スコトヲ得

更新ノ決定ハ予防拘禁ノ期間満了後確定シタルトキト雖モ之ヲ期間満了ノ時確定シタルモノト看做ス

第四十条、第四十一条及第四十四条乃至第五十二条ノ規定ハ更新ノ場合ニ付之ヲ準用ス此ノ場合ニ於テ第四十九条第二項中監獄トアルハ予防拘禁所トス

第五十六条　予防拘禁ノ期間ハ決定確定ノ日ヨリ起算ス

拘禁セラレザル日数又ハ刑ノ執行ノ為拘禁セラレタル日数ハ決定確定後ト雖モ前項ノ期間ニ算入セズ

第五十七条　決定確定ノ際本人受刑者ナルトキハ予防拘禁ハ刑ノ執行終了後之ヲ執行ス

監獄ニ在ル本人ニ対シ予防拘禁ヲ執行セントスル場合ニ於テ移送ノ準備其ノ他ノ事由ノ為特ニ必要アルトキハ一時拘禁ヲ継続スルコトヲ得

予防拘禁ノ執行ハ本人ニ対スル犯罪ノ捜査其ノ他ノ事由ノ為特ニ必要アルトキハ決定ヲ為シタル裁判所ノ検事又ハ本人ノ現在地ヲ管轄スル地方裁判所ノ検事ノ指揮ニ因リ之ヲ停止スルコトヲ得

刑事訴訟法第五百三十四条乃至第五百三十六条及第五百四十四条乃至第五百五十二条ノ規定ハ予防拘禁ノ執行ニ付之ヲ準用ス

第五十八条　予防拘禁ニ付セラレタル者収容後其ノ必要ナキニ至リタルトキハ第五十五条ニ規定スル期間満了前ト雖モ行政官庁ノ処分ヲ以テ之ヲ退所セシムベシ

第四十条第三項ノ規定ハ前項ノ場合ニ付之ヲ準用ス

第五十九条　予防拘禁ノ執行ヲ為サザルコト二年ニ及ビタルトキハ決定ヲ為シタル裁判所ノ検事又ハ本人ノ現在地ヲ管轄スル地方裁判所ノ検事ハ事情ニ因リ其ノ執行ヲ免除スルコトヲ得

第四十条第三項ノ規定ハ前項ノ場合ニ付之ヲ準用ス

第六十条　天災事変ニ際シ予防拘禁所内ニ於テ避難ノ手段ナシト認ムルトキハ収容セラレタル者ヲ他所ニ護送スベシ若シ護送スルノ暇ナキトキハ一時之ヲ解放スルコトヲ得

解放セラレタル者ハ解放後二十四時間内ニ予防拘禁所又ハ警察官署ニ出頭スベシ

第六十一条　本章ノ規定ニ依リ予防拘禁所若ハ監獄ニ収容セラレタル者又ハ勾引状若ハ逮捕状ヲ執行セラレタル者逃走シタルトキハ一年以下ノ懲役ニ処ス

前条第一項ノ規定ニ依リ解放セラレタル者同条第二項ノ規定ニ違反シタルトキ亦前項ニ同ジ

第六十二条　収容設備若ハ械具ヲ損壊シ、暴行若ハ脅迫ヲ為シ又ハ二人以上通謀シテ前条第一項ノ罪ヲ犯シ

タル者ハ三月以上五年以下ノ懲役ニ処ス

第六十三条　前二条ノ未遂罪ハ之ヲ罰ス

第六十四条　本法ニ規定スルモノノ外予防拘禁ニ関シ必要ナル事項ハ命令ヲ以テ之ヲ定ム

第六十五条　朝鮮ニ在リテハ予防拘禁ニ関シ地方裁判所ノ為スベキ決定ハ地方法院ノ合議部ニ於テ之ヲ為ス朝鮮ニ在リテハ本章中地方裁判所ノ検事トアルハ地方法院ノ検事、思想犯保護観察法トアルハ朝鮮思想犯保護観察令、刑事訴訟法トアルハ朝鮮刑事令ニ於テ依ルコトヲ定メタル刑事訴訟法トス

附　則

本法施行ノ期日ハ勅令ヲ以テ之ヲ定ム

第一章ノ改正規定ハ本法施行前従前ノ規定ニ定メタル罪ヲ犯シタル者ニ亦之ヲ適用ス但シ改正規定ニ定ムル刑ガ従前ノ規定ニ定メタル刑ヨリ重キトキハ従前ノ規定ニ定メタル刑ニ依リ処断ス

第二章ノ改正規定ハ本法施行前公訴ヲ提起シタル事件ニ付テハ之ヲ適用セズ

第三章ノ改正規定ハ従前ノ規定ニ定メタル罪ニ付本法施行前刑ニ処セラレタル者ニ亦之ヲ適用ス

本法施行前朝鮮刑事令第十二条乃至第十五条ノ規定ニ依リ為シタル捜査手続ハ本法施行後ト雖モ仍其ノ効力ヲ有ス

前項ノ捜査手続ニシテ本法ニ之ニ相当スル規定アルモノハ之ヲ本法ニ依リ為シタルモノト看做ス

本法施行前朝鮮思想犯予防拘禁令ニ依リ為シタル予防拘禁ニ関スル手続ハ本法施行後ト雖モ仍其ノ効力ヲ有ス

前項ノ予防拘禁ニ関スル手続ニシテ本法ニ之ニ相当スル規定アルモノハ之ヲ本法ニ依リ為シタルモノト看做ス

		6月22日	独ソ戦開始
		10月15日	尾崎秀実検挙(ゾルゲ事件)
	東條	12月8日	真珠湾攻撃、太平洋戦争開戦
		12月19日	言論、出版、集会、結社等臨時取締法公布
		12月27日	満洲国、治安維持法公布
1942		2月24日	戦時刑事特別法公布
		9月12日	内務省、細川嘉六の論文を掲載した『改造』の発売頒布を禁止
1943		3月13日	戦時刑事特別法改正
		6月20日	創価教育学会弾圧
1944		1月29日	『中央公論』『改造』編集者検挙(横浜事件)
		7月10日	『中央公論』『改造』に自主廃刊命令
1945	小磯	4月1日	米軍、沖縄本島に上陸
	鈴木	7月26日	連合国、ポツダム宣言
		8月6日	広島に原爆投下　8月9日　長崎に原爆投下
		8月14日	御前会議により、ポツダム宣言受諾
	東久邇	9月26日	三木清、獄死
		10月4日	GHQ、人権指令を東久邇内閣に通牒
	幣原	10月10日	思想犯釈放
		10月13日	国防保安法、軍機保護法、不穏文書臨時取締法、言論、出版、集会、結社等臨時取締法の廃止
		10月15日	治安維持法、思想犯保護観察法の廃止
1946		1月1日	昭和天皇の人間宣言
1947	吉田	5月3日	日本国憲法施行
1949		4月4日	団体等規正令公布
1951		9月8日	サンフランシスコ講和条約・日米安全保障条約調印
1952		7月21日	破壊活動防止法公布
1986	中曽根	7月3日	横浜事件再審請求
2010	鳩山	2月4日	横浜地裁、横浜事件の刑事補償を決定

		3月27日	日本、国際連盟脱退
		5月26日	瀧川事件
		6月8日	佐野学・鍋山貞親、転向声明書を公表
1934		2月1日	斎藤内閣、治安維持法中改正法律案を議会に提出
		3月25日	治安維持法中改正法律案、両院協議会で審議未了
1935	岡田	2月18日	天皇機関説事件
		3月4日	日本共産党壊滅
			岡田内閣、治安維持法中改正法律案を議会に提出
		3月23日	衆議院、国体明徴決議案可決
		3月25日	治安維持法中改正法律案、衆議院で審議未了
		8月3日	岡田内閣、第一次国体明徴声明
		10〜11月	無政府共産党事件
		12月8日	第二次大本教事件
1936		2月26日	二・二六事件
	広田	5月29日	思想犯保護観察法公布
		7月10日	コム・アカデミー事件
		9月28日	ひとのみち教団不敬事件
		11月25日	日独防共協定調印
1937	近衛	7月7日	盧溝橋事件（日中戦争勃発）
		12月15日	人民戦線事件
1938		2月1日	第二次人民戦線事件
		4月1日	国家総動員法公布
1939	平沼	6月21日	灯台社事件
	阿部	9月1日	ドイツ、ポーランド侵攻。第二次世界大戦勃発
1940	近衛	9月27日	日独伊三国同盟調印
		10月12日	大政翼賛会発会式
1941		1月16日	企画院調査官検挙　4月8日　和田博雄検挙（企画院事件）
		2月12日	朝鮮総督府予防拘禁令公布
		3月7日	国防保安法公布
		3月10日	治安維持法改正公布
		4月13日	日ソ中立条約調印

		4月10日	内務省、労働農民党・日本労働組合評議会・全日本無産青年同盟の結社を禁止
		4月27日	田中内閣、治安維持法中改正法律案を閣議決定
		5月6日	治安維持法中改正法律案、衆議院で審議未了
		6月4日	張作霖爆殺事件
		6月12日	田中内閣、治安維持法改正緊急勅令案を枢密院に諮詢
		6月29日	治安維持法改正緊急勅令公布
		7月3日	警保局保安課拡充、全国の府県に特高課設置
1929		3月19日	治安維持法改正緊急勅令、議会で承認される
		4月16日	四・一六事件
	浜口	11月1日	労農党結成
1930		2月26日	日本共産党第三次検挙
		4月22日	ロンドン海軍軍縮条約調印
		7月1日	田中清玄検挙。武装共産党壊滅
		11月4日	浜口首相、狙撃される
1931		1月	日本共産党再建（非常時共産党）
		3月	陸軍将校、大川周明らクーデターを計画（三月事件）
	若槻	9月18日	柳条湖事件、満洲事変勃発
		10月17日	陸軍将校らのクーデター計画発覚（十月事件）
1932	犬養	2月9日	前蔵相井上準之助、暗殺　3月5日　三井合名理事長団琢磨、暗殺（血盟団事件）
		3月1日	満洲国建国
		3月20日	コップに対する検挙開始
		5月15日	犬養首相、暗殺（五・一五事件）
		5月20日	コミンテルン、「三二テーゼ」を決定
	斎藤	6月29日	警視庁、特別高等警察部を設置
		10月30日	熱海事件（非常時共産党壊滅）
		11月12日	司法官赤化事件
1933		2月4日	二・四事件（長野県教員赤化事件）
		2月20日	小林多喜二、築地署で拷問され虐殺される

		2月14日	高橋内閣、過激社会運動取締法案を閣議決定
		3月24日	過激社会運動取締法案、貴族院を通過　3月25日　衆議院で審議未了
	加藤(友)	7月15日	第一次日本共産党の結成
		12月30日	ソヴィエト社会主義共和国連邦の成立
1923		2月1日	ソ連極東代表ヨッフェ来日
		6月5日	第一次日本共産党事件
		9月1日	関東大震災
	山本	9月7日	治安維持令公布
		9月16日	甘粕事件
		12月27日	虎ノ門事件
1924	清浦	5月10日	第15回総選挙で護憲三派が勝利
1925	加藤(高)	1月20日	日ソ基本条約調印(2月25日　批准)
		2月18日	加藤内閣、治安維持法案を議会に提出
		4月17日	朝鮮共産党結成
		4月22日	治安維持法公布
		5月5日	男子普通選挙法公布
		5月8日	治安維持法を朝鮮、台湾及樺太に施行するの件公布 関東州及南洋群島に於ては治安維持に関し治安維持法に依るの件公布
		6月2日	内務省警保局、過激思想宣伝取締内規を制定
		9月20日	全露労働組合代表団来日
		12月1日	京都府特高課、京大社研メンバーらを検束 農民労働党結成、即日禁止
1926		1月15日	京都学連事件
	若槻	4月9日	治安警察法改正(第17条廃止)
		12月4日	山形県五色温泉で日本共産党再建
		12月25日	大正天皇崩御。昭和改元
1927	田中	6月1日	民政党結成
		7月15日	コミンテルン日本問題特別委員会が「二七テーゼ」を決定
		12月1日	日本共産党、「二七テーゼ」を採択
1928		2月20日	第16回総選挙(第1回男子普通選挙)
		3月15日	三・一五事件

治安維持法関連年表

年	内閣	出来事
1900	山県	3月10日　治安警察法公布
		6月2日　行政執行法公布
		9月15日　立憲政友会結成
1901	伊藤	5月18日　社会民主党結成、20日に結社禁止
1905	桂	9月5日　ポーツマス条約調印に反発し、日比谷焼き討ち事件発生
1906	西園寺	1月28日　日本社会党結成
1907		2月22日　内務省、日本社会党を禁止
		11月3日　サンフランシスコ日本領事館で天皇暗殺をほのめかすビラ貼付される（ザ・テロリスト事件）
1908		6月22日　警視庁、示威行進した社会主義者を検挙（赤旗事件）
1910	桂	5月25日　大逆事件
		8月22日　日韓併合条約調印。朝鮮を植民地化
1911		8月21日　警視庁、特別高等課を設置
	西園寺	10月25日　社会党結成（27日に結社禁止）
1912		7月30日　明治天皇崩御。大正改元
1914	大隈	7月28日　第一次世界大戦勃発
1916	寺内	10月10日　憲政会結成
1917		3月12日　ロシア革命（二月革命）　11月7日　十月革命
1918		8月2日　寺内内閣、シベリア出兵を宣言
		8月3日　米騒動発生
1919	原	3月1日　朝鮮で三・一独立運動
		3月2～6日　第1回コミンテルン大会
		4月15日　朝鮮総督府、政治に関する犯罪処罰の件公布
1920		1月14日　森戸辰男事件
		12月9日　日本社会主義同盟結成
1921		11月4日　原敬暗殺
1922	高橋	2月6日　ワシントン海軍軍縮条約調印

中澤俊輔（なかざわ・しゅんすけ）

1979年，新潟県生まれ．東京大学大学院法学政治学研究科博士課程修了．博士（法学）．東京大学社会科学研究所助教を経て，2014年より，秋田大学教育文化学部講師，16年より同准教授．

著書『宰相たちのデッサン』（共著，ゆまに書房，2007）
『近現代日本を史料で読む』（共著，中公新書，2011）
など

治安維持法《ちあんいじほう》

中公新書 *2171*

2012年6月25日初版
2017年8月25日3版

著者 中澤俊輔
発行者 大橋善光

本文印刷 暁印刷
カバー印刷 大熊整美堂
製本 小泉製本

発行所 中央公論新社
〒100-8152
東京都千代田区大手町1-7-1
電話 販売 03-5299-1730
編集 03-5299-1830
URL http://www.chuko.co.jp/

Published by CHUOKORON-SHINSHA, INC.
Printed in Japan ISBN978-4-12-102171-7 C1221

現代史

2105 昭和天皇　古川隆久
765 日本の参謀本部　大江志乃夫
632 海軍と日本　池田　清
1904 軍　神　山室建德
881 後藤新平　北岡伸一
377 満州事変　臼井勝美
1138 キメラ―満洲国の肖像（増補版）　山室信一
40 馬　賊　渡辺龍作
1232 軍国日本の興亡　猪木正道
2144 昭和陸軍の軌跡　川田　稔
76 二・二六事件（増補改版）　高橋正衛
2059 外務省革新派　戸部良一
1951 広田弘毅　服部龍二
1532 新版　日中戦争　臼井勝美
795 南京事件（増補版）　秦　郁彦

84 90 太平洋戦争（上下）　児島　襄
244 248 東京裁判（上下）　児島　襄
1307 日本海軍の終戦工作　纐纈　厚
2119 外邦図―帝国日本のアジア地図　小林　茂
2015 「大日本帝国」崩壊　加藤聖文
2060 原爆と検閲　繁沢敦子
1459 巣鴨プリズン　小林弘忠
828 清沢《きよさわ》　洌《きよし》（増補版）　北岡伸一
2033 河合栄治郎　松井慎一郎
1759 言論統制　佐藤卓己
1711 徳富蘇峰　米原　謙
1808 復興計画　越澤　明
2046 内奏―天皇と政治の近現代　後藤致人
1243 石橋湛山　増田　弘
1976 大平正芳　福永文夫
1574 海の友情　阿川尚之
1875 「国語」の近代史　安田敏朗

2075 歌う国民　渡辺　裕
1804 戦後和解　小菅信子
1900 「慰安婦」問題とは何だったのか　大沼保昭
2029 北朝鮮帰国事業　菊池嘉晃
1990 「戦争体験」の戦後史　福間良明
1820 丸山眞男の時代　竹内　洋
1821 安田講堂1968-1969　島　泰三
2110 日中国交正常化　服部龍二
2137 国家と歴史　波多野澄雄
2150 近現代日本史と歴史学　成田龍一
2171 治安維持法　中澤俊輔